鉄道一族三代記

国鉄マンを見て育った三代目はカメラマン

米屋こうじ
Yoneya Koji

交通新聞社新書 075

はじめに

国が国有鉄道事業特別会計をもつて経営している鉄道事業その他一切の事業を経営し、能率的な経営により、これを発展せしめ、もつて公共の福祉を増進することを目的として、ここに日本国有鉄道を設立する。

（日本国有鉄道法第1章・第1条）
昭和23年12月20日制定
昭和62年4月1日廃止施行

僕の母方の家族には、国鉄で働いた人が多かった。

そもそも母親は「キヨスク」と呼ばれる駅売店の販売員。母の父親は最後に奥羽本線神町《じんまち》駅の「駅長」を務めた。母の弟は「鉄道公安室」や「電気工事局」で働き、母の姉は「通信区」、その夫は「機関区」に勤めていた。

厳密にいえば、売店販売員の母は国鉄職員ではなかったが、国鉄の分割民営化までキヨスク事業を行なっていた「鉄道弘済会」は国鉄関連の福祉財団としてスタートしているため、ほとんど「国鉄」の一組織と思って差し支えないだろう。

「国鉄一家」という言葉がある。〃親方日の丸〃的な響きもあるというが、僕にとって、母方の家系である東海林《とうかいりん》家は「国鉄一家」そのものだった。

そんな「身の回りに存在する国鉄の記憶を、国鉄で働いた親戚の人々の話を聞いて記録に残したい」という思いが以前からあった。

しかし、残念ながら少し遅かった。機関区で働いた伯父が平成12年（2000）に急逝してしまった。大切な人を亡くしたと同時に、「列車を運転する」という非常に興味深い話を聞くことができなくなった。

その失意から、「親戚や家族の話を聞いて残す」という思いは、いつしか萎《しぼ》んでしまっていた。

しかし数年前、ある雑誌の企画として、売店に勤めた母の話と、鉄道公安官だった叔父の話を聞いて執筆したところ、意外にも好評を得た。

その経験を生かし、まだ話を聞いていなかった他の叔父や、駅長を務めた祖父の話を加筆し、本書にまとめることとなった。

冒頭に「日本国有鉄道法第1章・第1条」を掲げた。

各人の話を聞くうちに、この目的を遂行するために、皆が職務を全うしてきたのだ、と、改めて感じられた。

それぞれが、日々の仕事のなかで、ドラマのような場面を経験してきたとは限らない。日々平穏に過ごせることこそが、いかに大事であるか。それを忘れてはならないと思った。


さて、そんな環境で育った僕自身も、小中学生の頃は国鉄で働くことを夢見ていた。

しかし、国鉄の財政悪化により民営化の議論も本格化するなかで、新規の雇用が全くなく、この夢を諦めざるをえなかった。

中学生の頃から「青春18きっぷ」や周遊券を手に日本全国を旅した。鉄道雑誌や旅行雑誌を飾る旅情ある写真を見ては憧れた。

「自分もこんな仕事ができればなぁ」と思い、カメラマンの道を目指した。

本書をまとめるにあたり、鉄道カメラマンである僕自身の話も書いてはどうかとアドバイスを受けた。

厳格な鉄道の仕事と、僕の携わる仕事を同一線上に並べることに抵抗もあったが、〝国鉄一家〟の血を引いた者の、ひとつの例として書き記すことにした。どうか、ご容赦いただきたい。

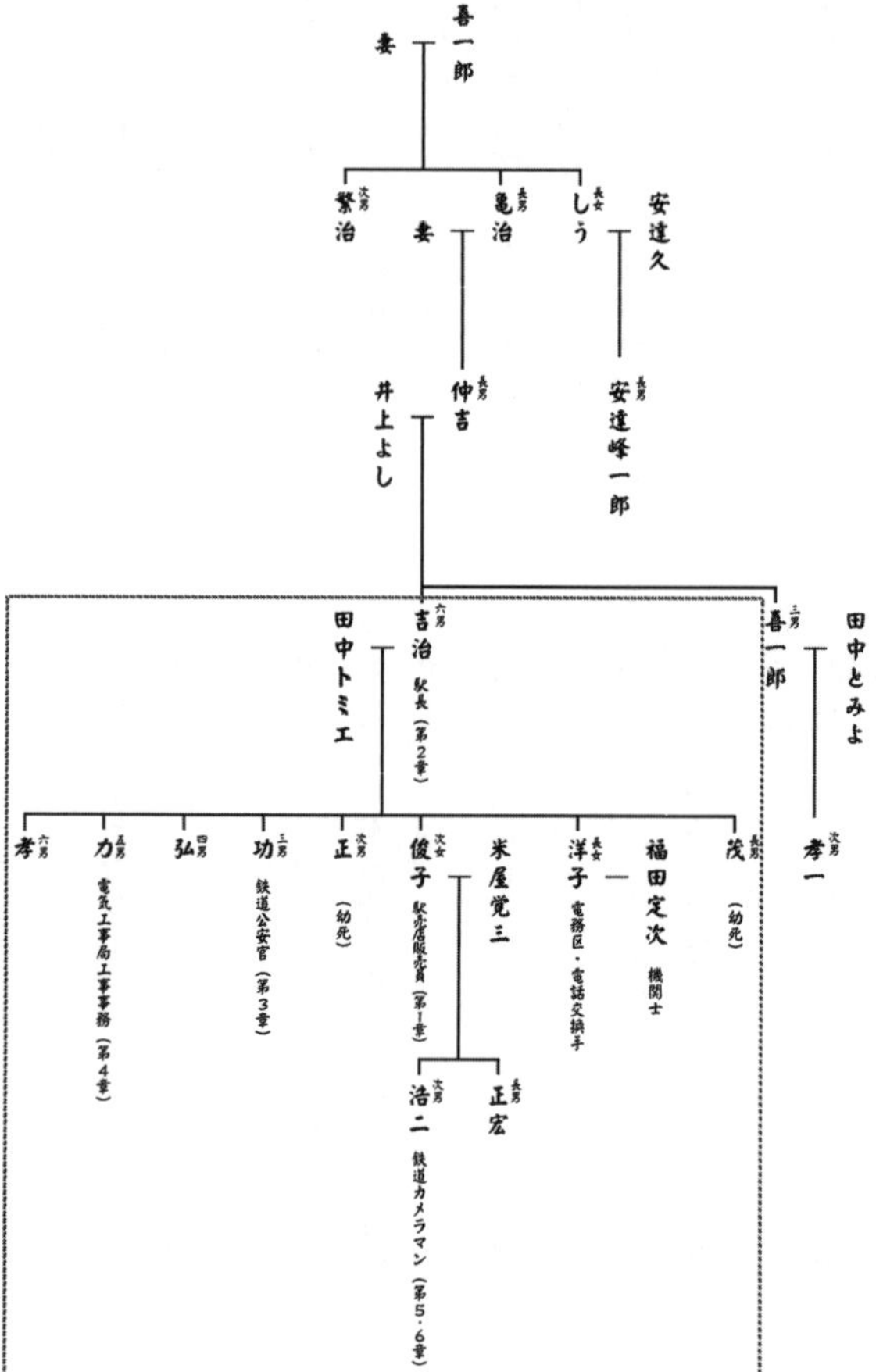

■東海林家・米屋家　家系図（略図）＊本書の登場人物を中心に

鉄道一族三代記――目次

第2章　駅長――祖父の生涯

第3章　鉄道公安官――叔父の仕事を語る

第5章　鉄道少年の頃――萌芽

第6章　鉄道カメラマンになる――心に抱くもの

第1章

駅売店販売員

——母、若き日々を語る

神町駅売店にて　昭和36年（1961）頃

駅売店販売員の仕事

駅の待合室やホームで、新聞、雑誌、菓子、飲み物などを販売するのが「ＫＩＯＳＫ＝キヨスクまたはキオスク」と呼ばれる売店だ。

販売する商品は飲食物に限らず、ハガキや切手、ハンカチ、ネクタイ、電池、さらには郷土のお土産品など、決して広くない空間に「所狭し」と商品を並べ、駅や列車を利用する人々の便宜を図っている。

キヨスクは、国鉄の分割民営化によって、現在では一部を除き、鉄道弘済会から各旅客会社の完全子会社に経営が移っている（ＪＲ東日本では「キオスク」の呼称を使用）。

キヨスクのネーミングは、簡易的な建物を表す英語ｋｉｏｓｋを読んだもので、「清く」「安く」の意味もかかっているとか。もとは、トルコ語で東屋《あずまや》を表す「キョシュク」が由来という。

そんな駅売店「キヨスク」の販売員として約33年間働いたのが、国鉄一家である東海林《とうかいりん》家の次女・東海林俊子である。ここからは、僕の母の経験を、本人の談話を元に記述していきたい。

最初の就職

昭和12年（１９３７）２月13日、東海林俊子は山形県北村山郡大石田町《おおいしだまち》に、父・吉治《きちじ》と母・トミエの次女として生まれた。

物心ついた頃より、父は山形県北の鉄道の要衝である新庄駅に在職。すでに重要なポストの職にあり、周りからの信望は格別なものがあった。

兄弟たちとともに、優しい母の愛情に育まれて子ども時代を過ごし、県立の新庄南高校を卒業。美術全般に憧れ、中学校時代は美術部に所属した。

高校を卒業したら「商業デザイナーになりたい」と、漠然と思っていた。

しかし、当時の山形ではそのような仕事があるはずもない。ましてや高校を卒業したばかりの女子が、そのような仕事に就けるのは夢のまた夢だった。

結局は父の勧めもあり、東北電力新庄営業所に臨時社員として入社。外回りの社員が持ち帰ってくる、顧客の電気メーターの集計と、請求書の作成などを行なっていた。

しかし、それから約2年後、作業の機械化により、この職種が不要となる。このため、営業所では人員整理が行なわれた。上司は会津若松営業所への転勤も勧めてくれたが、これを辞退して退職。次の仕事が見つかるまでの間、山形市にある洋裁学校へ通った。

かねてより行きたかった洋裁学校通い、新庄から山形市内へ、列車での通学は特に楽しかった。

きっかけはウェイトレス

昭和30年代、戦後復興も着実に進み、「もはや戦後ではない」という経済白書のことばが流行語にもなっていた。鉄道は陸上輸送の主役として輸送量を大幅に伸ばしつつあり、鉄道車両や施設、あるいはサービス面などで発展目覚ましく、まさに黄金期を迎えようとしていた。

ここ新庄駅も例外ではない。サービス向上のため、駅舎の中に食堂が新設されることとなり、食堂で働くウェイトレス3名の募集が行なわれた。

当時、ウェイトレスの仕事は珍しく、ハイカラに見えた。父親と同じ職場で親近感もあった。

さっそく履歴書を出した。

しかし、駅の事情に詳しい父親からは「仕事は大変だぞ」とアドバイスを受けた。喜んでくれると思っていた父の、意外なひと言に身が引き締まる思いだった。

昭和32年（1957）9月、試験をパスして鉄道弘済会に入社。女性3人が合格し、同期の仲間となった。食堂のウェイトレスは2人体制で、ひとりは接客、もうひとりは会計というもの。

食堂での勤務時間は朝9時から夜は7時頃まで。そば、うどんなどの麺類、丼もの、カレーライスのほか、周辺地域ではまだ珍しかったコーヒーも提供。食堂は利用者も多く、おおいに賑わい、楽しく働くことができた。

ウェイトレス時代（右）　昭和33年（1958）頃

2年間ウェイトレスの仕事をした後、昭和34年（1959）には同じ新庄駅待合室の売店へ異動。ここで準職員から正式な職員となった。

売店に移った直後のこと、昭和34年4月8日から6日間行なわれた「販売員講習会」に参加。

その当時、新庄駅の売店を管理していた信越支部の本部は新潟にあり、集会所で寝

信越支部の模擬売店にて（右）　昭和34年（1959）

泊まりしての講習だった。

ちょうど皇太子さま（今上天皇）のご成婚があり、駅助役さんの官舎でテレビ中継を見せてもらった記憶が残っている。

講習会では仕事の内容や接客態度などを学んだ。なかでも、実際の売店を再現した模擬売店を使った、実践的な販売練習は勉強になった。地元の名物や、お土産の商品説明なども訓練し、商品に対する知識が必要なことも知った。

憧れから就いたウェイトレスの仕事に比べ、売店の仕事は責任も重く、ずっと携わっていける、やり甲斐のある仕事と思った。

講習を終えて新庄に戻ると、いよいよ売店での実践の毎日が始まった。

売店の仕事は朝が早い。食堂とは違い一番列車に合わせて開店しなければならない。

　届けられた新聞の荷解きが朝の最初の仕事。荷解きが終われば、リヤカーを引いて、売店から徒歩４〜５分の事務所に補充の商品を取りに行った。

　奥羽本線から陸羽東線、陸羽西線が分岐する新庄駅には、駅本屋のほかに、ホームに２カ所の売店があった。これらのホーム売店で販売する新聞や商品を仕分けることも、重要な仕事のひとつだった。

　新庄駅で忘れられないのが、毎年８月下旬に開催される「新庄まつり」。晩夏の残暑が厳しく、牛乳が飛ぶように売れた。ジュースやビールなど、まだまだ庶民にとって一般的ではなかった。

　牛乳はボール紙製の蓋に針を刺し、蓋を開けて渡した。ひとりが牛乳売りに専念しなければならないほど、このお祭りの日は特に忙しかった。

　日々の仕事のなかで、少しずつ仕事に慣れてきたが、たまには失敗をすることも……。

　ある日、お釣りを間違えて多く渡してしまったのに気がついた。

「しまった！」と思ったがもう遅かった。

　ところが、しばらくして、きっぷ売り場の近くでそのお客さんを発見。すぐに申し出て事情を説明したら、快く返金してくれた。

心優しいお客さんでよかったと、胸をなでおろした。

忙しくも活気ある新庄駅売店の勤務だったが、2年間勤めた昭和36年（1961）4月、父親が駅長として神町駅への異動が決まり、住み慣れた新庄の官舎から家族で東根市の神町へ引っ越すことが決まった。

神町への転勤

父の転勤で、家族は先に神町の官舎へ引っ越していた。

生け花の稽古を続ける関係で、少しの間だけ新庄でひとり暮らしをした。

神町駅売店への転勤が決まり、再び家族と同居できたのは7月になってからだった。

神町の家は駅長の官舎だったため広かった。線路脇には大きな共同浴場があった。

母はいつも風呂に入らずに、娘の仕事が終わるのを待ってくれていた。夜遅い時間でも一緒に風呂に入ったのが懐かしく思い出される。

神町駅売店は2人勤務。早番、遅番の2交代で勤務した。

夫が鉄道員で殉職した未亡人が神町駅でのパートナー。鉄道弘済会もともとは、そのような鉄道で殉職した家族の救済が目的のひとつだったのだ。

終戦後、海軍航空隊基地跡に、連合国軍最高司令官総司令部（GHQ）の命を受け、米占領軍（USOF）が進駐した神町。駅には、占領軍が日本で鉄道利用の便宜を図るための組織、連合軍鉄道輸送司令部事務所（RTO）が置かれた。

RTO事務所内の天井にはシャンデリアが下がり、当時の日本では珍しい温水の出るシャワーまで設置されていた。

駅舎の正面部分には、アルファベットで「JIMMACHI STATION」と書かれ、どこか異国の風を感じる駅だった。

神町駅に勤務した時代は、所得がアップし、人々の暮らしに経済的な余裕がもたらされた。第1次レジャーブームが訪れた頃だった。

夕方になると、待避用に使用される3番線に団体専用の臨時列車がたびたび入線した。列車ダイヤの関係だろう、団体専用列車は神町駅で数分停車、乗客はわずかな停車時間を利用し買い物に降りた。

当時は缶ジュースがまだなく、飲料は瓶入りが主。なかでも瓶入りのサイダーがよく売れた。忙しいのを知った当時中学生だった末の弟・孝《たかし》が、ホームに団体列車が入線するのを見ると官舎を飛び出してきて、手伝ってくれた。そんな光景も思い出す。

神町に陸上自衛隊が置かれたのもこの頃。人の出入りが目に見えて多くなり、売店の売り上げが前年度比130パーセントになったと記憶している。

そんな神町駅売店の仕事で、強く印象に残っているのが、上野行きの上り急行「出羽」の出発前の賑わいだ。

急行「出羽」は新庄（昭和38年〈1963〉に酒田延長）と上野を結んだ夜行急行列車。昭和36年（1961）から登場した急行型気動車のキハ58形、キハ28形、キロ28形で編成を組んで使用されていた。

上り列車では、奥羽本線新庄～米沢間で、急行「津軽」より利用しやすい時間帯を走るために、この地域の人々に親しまれていた。

ここ神町では、山形県西村山郡河北町《かほくちょう》の谷地《やち》方面から、急行「出羽」へ連絡するバスの便が到着すると、乗り換えの乗客で待合室が賑やかになった。

谷地と神町の間には、かつて軽便の「谷地軌道」が敷設されていた。民営の谷地軌道は、軌間762ミリの鉄道で、大正5年（1916）に開業。ところが、開業当初は順調だった経営は次第に悪化、木造だった最上川橋梁の老朽化などもあり、昭和10年（1935）に廃止となっている。軌道廃止後はバスに替ったが、多くの利用者が神町駅で国鉄に乗り換えていた。

夜汽車で旅立つのは、当時の人々にとって一大イベント。旅先へのお土産がよく売れた。山形名物の「花笠踊り」をモチーフにした日本人形などが、お土産品として人気があった。

やがて、21時30分頃、神町駅に急行「出羽」が到着。

故郷の土産を手にした乗客が列車に乗り込み、出発すれば神町駅に静寂が訪れた。

それは、一日の終わりを告げる列車のようだった。急行「出羽」の運転時間は、駅売店の終業時間を決める列車でもあったのだ。

父と同じ職場で

神町では父親が同じ職場で働いていたことになる。

父は駅長であり、駅の最高責任者だ。

ある冬のこと、待合室のストーブが売店の近くに設置された。待合室が拡張工事の真っ最中で、駅内部の配置が若干変更されることになっていた。

ストーブの場所が、売店のすぐ近くに移設されたのは、偶然にしてはできすぎている。娘を思う父親の気持ちはありがたかったが、ベンチが並ぶ奥の待合スペースから少し離れていて、「お客さんは少し寒いのでは」と胸が痛んだ。

しかし、このストーブの移設は思わぬ結果をもたらした。

駅の利用客が暖をとるためにストーブのほう、つまり売店の近くへ集まるようになったのだ。駅長の父親がそこまで計算したのかは不明だが、その冬は、売り上げが以前より伸びた。

また、駅員のひとりが、毎朝自分が出勤する前に新聞の荷解きをしてくれていることもあった。スポーツ新聞は、東京の隅田川駅から急行荷物列車で直送され、神町駅には早朝に到着した。新聞の荷解きは特に大変だったので、本当にありがたかった。

観光地・天童駅へ

神町駅勤務の昭和37年（1962）11月、俊子は25歳で米屋覚三と見合い結婚。東海林から米屋へと姓が変わった。

結婚後、夫の住む天童へと引っ越し、昭和38年（1963）に天童駅売店へ転勤する。以来、平成3年（1991）の退職まで、天童駅の売店が仕事場となった。

昭和39年（1964）に長男・正宏、同43年（1968）には次男・浩二が誕生。2人の子どもができても仕事は続けた。

天童駅は天童温泉という観光地を控え、神町に比べて観光客が多い。扱う商品も、お土産などが

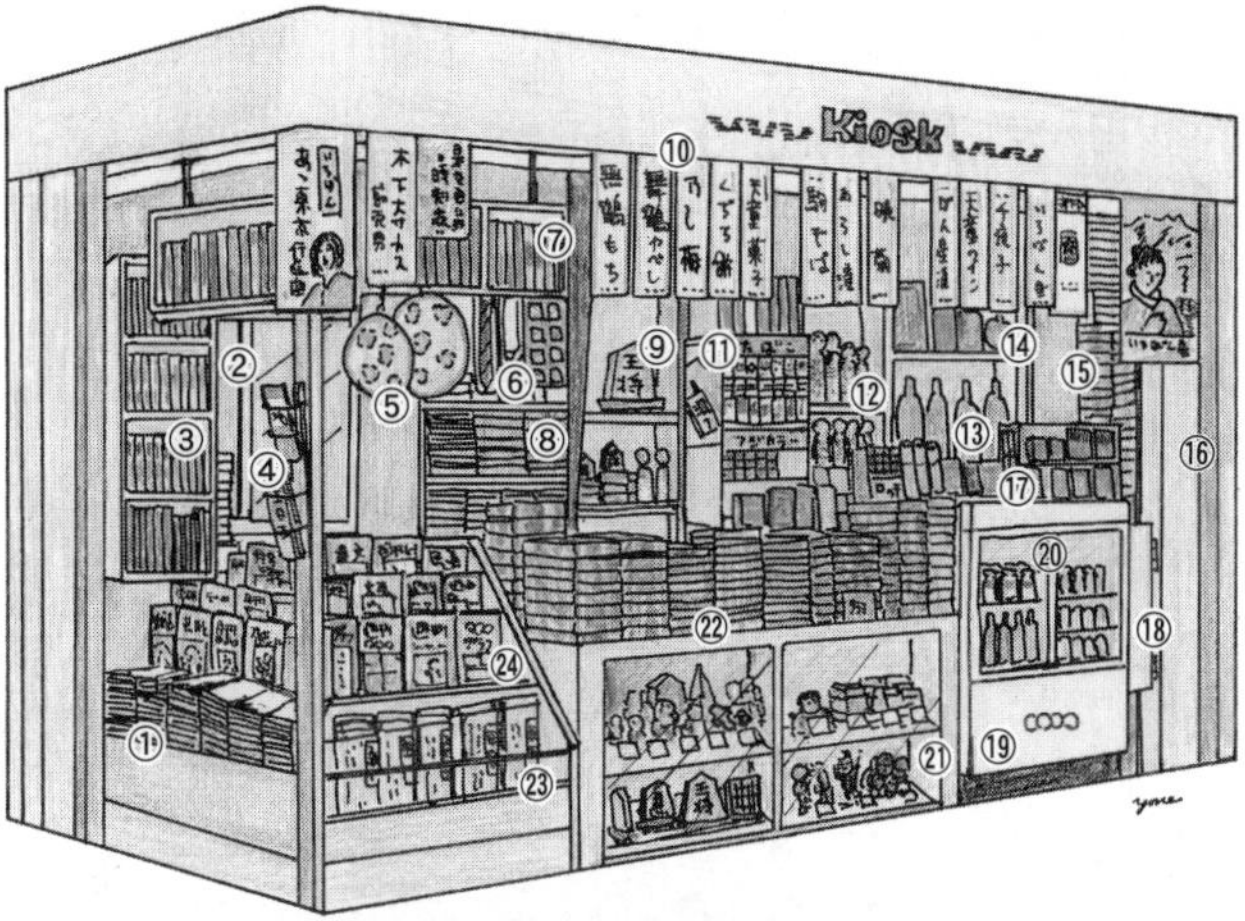

①雑誌　②ホーム側の窓（買い物可）　③時刻表・書籍　④旅行案内・地図
⑤花笠踊りの花笠　⑥雑貨　ハンカチ　ネクタイ　玩具等吊下げ　⑦文庫本
⑧お土産のストック　⑨将棋駒　⑩手書きのPOP　⑪たばこ　⑫民芸品
⑬日本酒　⑭ウイスキー　⑮お土産のストック　⑯シャッター格納
⑰お菓子　⑱出入り用扉　⑲冷蔵ケース　⑳牛乳・ビール
㉑ガラスショーケース　㉒お土産　㉓新聞　㉔週刊誌

日立った。

なかでも特徴的なのが、全国的にも有名な「将棋駒」。

天童の将棋駒の生産量は全国の約95パーセントを占めた。

ある日、前夜に温泉旅館に泊まって、列車で帰ると思しきお客さんが2～3人、待合室で話をしているのが耳に入った。「将棋駒を買った」という話だった。

将棋駒なら売店にも良い物がある。「売店にも本柘植《つげ》の彫り埋め駒がありま す。よかったら見てみますか?」と、話しかけてみた。

興味ある様子だったので、その商品を見せると気に入ってくれた。結局、3万円もする上等な将棋駒を買ってくれたのだ。

お客さんとのコミュニケーションは何より大事だ。

熱湯を注ぐと、観音様の絵が浮き出てくる湯飲み茶碗の販売では、あらかじめ熱湯の入ったポットを用意した。

頃合いを見計らって、お客さんの目の前で茶碗にお湯を注いだ。茶碗に浮かび上がる観音様の絵を見て、お客さんは大喜び！

そのような湯飲み茶碗は当時珍しかったので、湯飲みは飛ぶように売れた。

ちょうど、その模様を営業所から巡回に来た上司が目撃。その上司は、他の売店でも応用できないかと、急いで次の列車に乗り戻って行った。

また、山形名物といえば、初夏はサクランボ。団体の臨時列車が運転される日にはよく売れた。もともと、山形市方面から仕入れていたサクランボだが、それでは仕入れに時間がかかり、急な応対ができない。

そこで、自ら営業所にお願いして、天童市内から仕入れるように変更してもらった。仕入れ先を近場にすることで、お客さんに時間があれば待ってもらい、その間に急いで駅に届けてもらうことが可能になったのだ。

28年間勤めた天童駅の売店　昭和63年（1988）

ほかにも、現場で仕入れができるようにお願いしたアイテムがいくつかある。

こちらから営業所に頼み込んだ以上は、売るのにも力が入る。

正月の帰省時期などは、自らタクシーに乗り込んで業者へ直接商品を仕入れに行ったことも……。

1円でも多く売りたい。思いがいつもあった。

例えば、団体専用の臨時列車が発着する時、団体の乗客は駅舎の外にある団体専用のゲートを通る。しかし、それでは売店のある場所を通らず、売り上げに結びつかない。

そこで、団体さんも売店のある一般の改札口を通ってもらえるよう、駅長さんや助役さんにお願いすることもあった。

駅員の皆さんは快く協力してくれた。

売店の前を団体のお客さんが通るのと通らないのでは、売り上げが大きく違った。

時代とともに

商品の売れ筋は、時代の流れを反映した。

自動販売機が導入された昭和50年代の初め頃には「これで、さぞかし売り上げが伸び、売るのも楽になるだろう」と思った。しかし、結果は芳しくなかった。

ある暑い夏の日に、駅にやって来るお客さんが次々にジュースを買ってくれた。

手に取る飲料のほとんどは冷蔵ケースからで、自動販売機はさっぱり売れない。冷えたジュースが目にも涼しく映ったのだろうかと感じて、すぐに方針転換を決めた。

一度、自動販売機に入れた商品を取り出して、これを冷蔵ケースに入れ直すという珍事となった。

それでも時代が進むにつれて、自動販売機の威力を思い知らされることとなる。平成2年（1990）の夏は特に思い出深い。自販機1台で1日4万5000円近く売れた日があった。

ただし、いくら「自動の販売機」といっても、商品の補充は手作業。30本入りのケースを倉庫から出して、次々と機械に詰めてゆく必要があった。

この日は、作業を繰り返すこと15箱。新たな補充と同時に、飲み終えた空き缶の片付けをしな

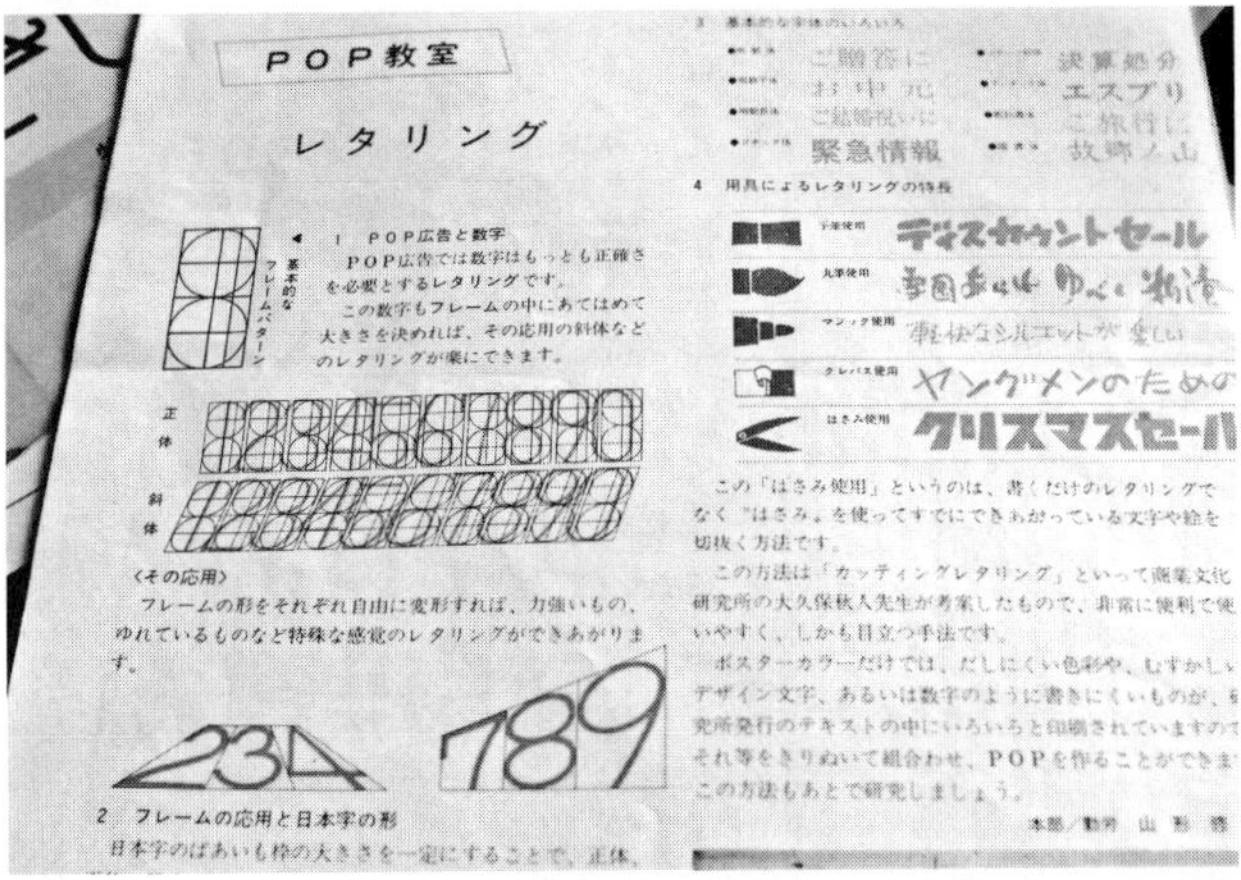

ポップ広告の教科書

手書きで描かれたポップ広告

ければならず、夏の暑い盛りのなか、思わぬ重労働だった。

人々の嗜好も時代とともに変化した。

昭和40年代には牛乳やサイダー、大人はカップ酒が主流だった。

天童市の工場に通勤する会社員の方々が、毎日のようにカップ酒とおつまみを買って、帰りの列車に乗り込んでいった。

現在でこそ清涼飲料やアルコール飲料の種類も百花繚乱の感があるが、商品の多様化が進んだのは昭和50年代後半になってからだ。

売店のアイテムとしては重要な、雑誌や新聞の仕分けは大変だった。特に雑誌は、朝大量に届いた荷を解いて棚に陳列、同時に返本の荷造りも行なう。雑誌は一冊一冊は軽いのだが、まとめるとかなり重かった。

父の教え

どんな仕事でも、辛いと思わない仕事はないだろう。

売店の仕事も、やさしいことばかりではなかったと、ふり返って思う。

早番勤務では早朝の出勤、遅番では帰宅が夜遅くなる。冬の朝、通勤中に自転車で転んだことが何度もある。帰りは、夜道に放し飼いの犬がいて、怖い思いをすることもあった。

また、慣れれば何ということもないが、仕事に就いたばかりの頃は、休憩時間が設定されておらず、店を開けたままでの食事となった。

駅というオープンな場所で、お客さんがいる前で店を閉じるわけにはいかない。上司には「口に物が入っている時でも、応対しなさい」と教えられていた。

のちに労働組合の努力で、昼の休憩時間を15分ほどだが持つことができた。それよりも、お客さんの目の前でシャッターを閉めるのが、自分としては嫌な気分だった。

とはいっても、当時は嫌と思ったこれらのことも、今は良い思い出に変わっている。

そして、そんな嫌な思い出より、計算の速さや仕事の要領、ディスプレイのアイディアなど、仕事場で自分の能力を発揮できる喜びのほうが大きかった。

商品の計算は、お客さんが商品を差し出す時に、すでに暗算が済んでいて、お釣りの用意をしていた。ソロバンを使うのは念のための検算だった。

計算ミスや伝票の記入ミスなどは、のちの棚卸しで発覚するので正確さが求められた。

「棚卸し」は1カ月の決算のようなものだ。

商品の仕入れ個数、在庫、購入額、売上額を全て調べ、これが「納金差額」として数字に表れた。

納金差額の数字は、いわば売店の成績表のようなものだった。差額が大きいということは、計算違いや伝票の記入ミスなどが多いということになる。

「納金差額をいかに少ない額にするか」は、売店販売員の大命題。天童駅売店は、県内

天童駅売店にて、夫婦での記念写真
昭和63年（1988）

の売店でも常に1、2位を争う好成績なのが自慢だった。

ライバルは赤湯駅の売店。赤湯にだけは負けたくないという意気込みで働いた。

そんな頑張りが認められ、売店の販売員としては最高の栄誉「鉄道弘済会・会長表彰」を受けることとなったのは46歳の時だった。

昭和58年（1983）2月25日、東京・麹町の弘済会本部へ表彰を受けに行った日のことは、一生忘れることができない思い出だ。当時は山形でも3人くらいしか受けたことのない栄誉を授かったのだから、嬉しくないはずがないだろう。

駅売店の仕事は上司がいつも見ているわけではない。楽をしようと思えばいくらでも楽ができる職場だ。しかし、この仕事に就く時、父親に言われた言葉がある。

「誰も見ていなくても、頑張ればいつか認められる」

そんな父の言葉がいつも胸にあった。

外商という販路

昭和62年（1987）4月1日、国鉄が分割民営化されると、鉄道弘済会は財団法人となり、売店はJRグループが出資する6つの株式会社になった。天童駅は東日本キヨスク（現在のJR

東日本リテールネット）所属の店舗となった。

株式会社化後は、販路を拡大する施策がとられ、営業所では「外商」と呼ばれる販売を推奨した。外商では自宅に近所の友だちを呼んで、そこに契約業者と営業所の係員が同席して販売を行なった。

「お茶を飲みながら買い物ができる。しかも、業者直売で品質が良い」ということで、友人には大好評。衣料品からアクセサリーに至るまで、さまざまな商品を購入してもらった。

仕事はいつも奥が深く、また、やればやるほど楽しさが湧いてくるのだと、改めて思った。

こうして昔を振り返ると、悪いことは忘れてしまったのか、楽しい思い出のほうが多くよみがえってくる。駅の職員の方々は皆親切だった。駅事務室には湯飲み場があり、朝食にソーメンをご馳走になったりもした。

長年売店に勤務できたのは、数多くのお客さん、周囲の人々、駅職員の方々や同僚、友人たちの支えがあったことも忘れてはならないと思った。

今も思い出すたびに、感謝の気持ちでいっぱいになる。

メッセージ

4月も近いというのに、みちのくの朝は冬の延長上にあった。まだ夜が明け切らない午前5時45分、いつものように自宅を出た。早朝の道を自転車で、奥羽本線天童駅の売店へ出勤する。

売店の勤務時間は、6時から14時までの〝早番〟と、13時30分から22時までの〝遅番〟の主に2交代制。これに、繁忙期の一時期「日勤」が加わり、ローテーションされる。

早番の朝は早い。一番列車が出る時間には売店を開けておかなければならないのだ。

退職後、自宅にて

少しずつ白んでくる景色の中を走りながら、

間もなく、この通い慣れた通勤も終わるんだな…

…そう思った。

平成3年（1991）3月31日。もうすぐ迎えるその日は丸32年勤めた職場から退職する日。

負けず嫌いの性格のまま、33年半もの間、がむしゃらに働いてきたようだと、これまでを振り返って

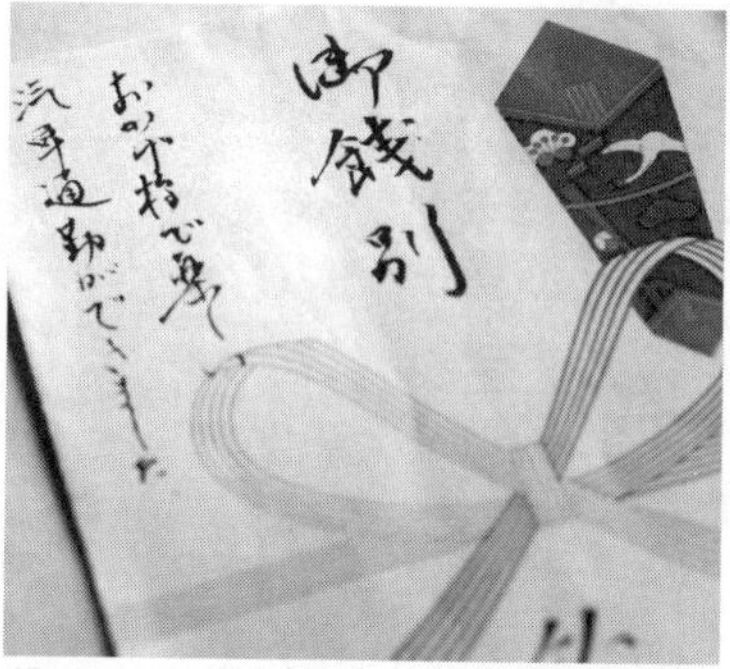

餞別ののし袋にはメッセージが添えられていた

思った。

数日前には、退職を知った通勤のお客さんから餞別をいただいたことも忘れられない。

「おかげ様で楽しい汽車通勤ができました」と、メッセージが添えてあった。列車通学の高校生からも、「３年間ありがとうございました。無事に卒業できました」と、お礼を言われたこともあった。

そんな声を掛けられると、「『他の人に負けたくない』の一念で、人一倍頑張ってきたつもりだったけれど、駅の売店にいてお客さんと触れ合うことで、私も少しは他人のためになれたのだ」と、身に染みて思うようになった。そして、この仕事に就けた喜びを改めて噛みしめるのだった。

人影のない駅に着き、いつものように重たい売店のシャッターを開いた。

いつもの「売店の匂い」がした。

デッキに雪が吹き込んだ奥羽本線の旧型客車列車

第2章

駅長
――祖父の生涯

駅長の仕事

駅における最高責任者が「駅長」である。

複数の鉄道会社が乗り入れるターミナル駅は例外として、ほとんどの駅ではひとりのみ在籍する。ひとつの駅の頂点に立ち、駅全体の業務を管理、指導するのが駅長の仕事だ。

駅長の職を最後に、約36年間におよぶ国鉄生活を終えたのが、僕の祖父・東海林吉治である。

現役時代の祖父

駅長を務めたのは、奥羽本線神町駅。昭和36年（1961）4月から昭和38年（1963）3月までの約2年間だった。

すでに故人となってしまった祖父の面影を求めて、祖父を知る人々を訪ね歩いた。

だが、結果からいえば時期が遅すぎたようだ。祖父がかつて一緒に過ごした人々に残された記憶は、かなり断片的だった。

この章では、駅長であった祖父の面影を追って話を聞いて回った模様と、祖父の周囲にいた人々に残る、断片的な記憶をつなぎ合わせながら綴ってみたいと思う。

記憶の中の祖父像

僕の記憶に残っている祖父像は、すでに国鉄を退職したあとの姿である。

退職後に祖父が暮らしていたのが福島県福島市。雪深い山形の県北地方で過ごした苦労から、「老後は雪の少ない場所で」という思いがあったようだ。福島市は冬場でも積雪は少なく、大雪で悩まされることはあまりない。

小学生の頃、夏休みや正月休みとなると、毎回のように祖父のいる福島の家へ行った。同じ歳の従兄弟と一緒に遊ぶのが楽しみで、休みになるのが待ち遠しかった。

親戚が集まった福島の家では、食事時になるとテーブルを広間に並べ、大勢で食卓を囲んだ。ご馳走を前にした親戚の大人たちは皆が笑顔で、いつになく楽しそうな表情をしていた。

祖父がいつも座る場所は座敷のいちばん奥。そのテーブル上には不思議な器具が置かれており、夕食時になるとポッとオレンジ色に染まった。

フラスコの上部の管を、少し太くしたような形の器具は、日本酒を燗酒にするものだ。

熱伝導の良い素材の容器を、電熱線で温める構造だったのだろう。器具の下部はスイッチを入れるとランプが点灯し、全体がオレンジ色になる。電源のオン・オフが一目瞭然なのと、見た目にも温かいようにデザインされたのだろう。

昭和の時代を感じさせる「お燗器」の前に座る祖父は、いつも着物姿で貫禄があった。威厳ある存在ゆえ、普段は近寄りがたい祖父も、子どもや孫たちに囲まれて上機嫌。お酒のせいで、顔も赤らんでいた。

正月には、お年玉を手渡されながら「しっかりやりなさい」と言われた記憶もある。祖父が国鉄で駅長を務めたことは聞いていた。しかし、実際にどんな仕事をしたのか、詳しくは知らなかった。

それから10年も経たない平成2年（1990）9月9日、祖父は83歳でこの世を去った。長年患った胃潰瘍が原因で、高齢の身で受けた手術の経過が思わしくなかったのだという。

実は高齢になる前にも、一度手術のチャンスがあった。祖母から伝わる話によると「病院に入り、手術の手続きを受けるなかで、麻酔を打つ直前になって病院から逃げ出した」のだというのだ。当時は手術の成功率が低かったので「手術を受けて完治するどころか命の保証がない」と、密かに逃亡を企てていたらしい。

祖父が他界した時、僕は22歳。生前に、直接本人から話を聞くことができていれば、貴重な話を残すことができたかも知れない。

しかし、20代の僕にとって、当たり前に存在する身の回りのことが、興味の対象にならなかったのが残念でならない。

存在感

祖父について、ハッキリ知りたいと思ったのは、それから10年以上経った平成16年（２００４）になってからだ。僕はフリーカメラマンとして独立し、雑誌などの仕事をしていた。

ある日、旅雑誌の取材の打ち合わせで、都内にある出版社を訪れた。

取材の内容は、奥羽本線を普通列車だけ乗り継いで、福島から青森までの全区間を3日間かけて走破するというものだった。出身が奥羽本線沿線の山形県天童市ということもあり、土地勘のある僕に仕事が回ってきたのだろう。

打ち合わせの席で、

「祖父が昔、神町駅の駅長をしていたんですよ」

歴代の神町駅長の氏名が書かれた木札　平成16年（2004）

と話したところ、担当の編集者が面白がってくれ、神町駅で途中下車し、駅を見学することが行程に組み込まれた。

取材当日、神町駅で下車すると、改札口で初老の駅員がきっぷを集めていた。

現在の神町駅は無人となっているが、当時は市からの依頼で、委託駅員が勤務していた。

制帽の下に白髪ものぞく、いかにもベテランという風貌の駅員氏に、

「私の祖父が昔、この駅の駅長をしていたんです」と事情を説明すると、親切にも事務室に招いてくれた。

通された駅事務室の壁には、歴代駅長の氏名が書かれた木札がズラリと並んでいた。

初代から順番に目で追うと「二二代　東海林吉治」と書かれた木札があった。

カメラのファインダーを覗きながら「祖父が遠い昔、ここに確かにいたんだ」という思いが、現実味を帯びて湧き上がってきた。

「祖父はどんな格好で、何を思い、ここで仕事をしていたのだろう……」

幼い頃には思いもしなかった、駅長時代の祖父の姿が浮かび上がり、祖父の人生について知りたいと思った。

山形市渋江

祖父は明治40年（1907）10月9日、父仲吉、母よしの六男として生まれた。

実家は山形県東村山郡明治村大字渋江。現在の山形市渋江で、奥羽本線の漆山《うるしやま》駅から西に約2・5キロに位置している。

現在、実家を継いでいるのが東海林孝一で、祖父の兄である喜一郎の次男。孝一さんと祖父とは、甥、叔父の関係にあたる。

平成26年（2014）3月、実家に帰省した際に渋江を訪問した。東海林家の人々は、いつも渋江の家のことを「三条ノ目《サンジョノメ》」と呼んでいる。渋江のなかでも「字《あざ》」に当たるのが三条の目なのだろう。道案内がてら母が同行することになった。

住所をカーナビに入力し、渋江の家を目指す。天童市の実家から20分もすれば目的地だ。

周囲には広大な田んぼが広がり、東南に蔵王の山並み、北西に月山《がっさん》の優美な山容を望む。歴史を感じる家が建ち並び、落ち着きのある集落を形成している。近年、東北中央自動車道がそばに建設されたが、以前は今以上に閑静で景色の良い場所だったろう。

玄関先で我々を迎えてくれた孝一さんは85歳。晩年の祖父に近い年齢だ。親戚だけあり、笑顔の表情に祖父の面影も感じられる。幼少の頃に会った、ご機嫌だった時の祖父の顔を思い出した。

渋江の家では、農業のほか明治期より染め物などの商売を興して生計を立てていたという。

学生時代の祖父は勤勉であり、かなりの努力家だったようだ。

祖父のことを聞くなかで「部屋の壁や天井に英単語を書いた紙を張って覚えた」という話や「囲炉裏の灰に文字を書いて練習した」、あるいは「ローソクの明かりで勉強した」という話が出る。まさに〝蛍雪の功〟ではないか。

加えて倹約家という話も伝わる。自宅から漆山駅まで、田んぼの中の一本道を2・5キロほど歩くのだが、

「他の人は足袋履いで学校さ通ったけど、足袋も履かねで通ったんだ」と、孝一さん。

履物の底が減るのがもったいなく感じ、就職してからも靴を脱いで裸足で駅まで歩く時もあっ

たそうである。

「だからあんなに偉ぐなったんだべ。一般の家庭や、農家の家がら鉄道さなて職さ入れるなはいねがったがら」

実際には孝一さんと祖父は年齢が離れており、孝一さんが幼かったため、残念ながら祖父のことはあまり記憶にないとのことだ。

その代わり、話題となったのは、戦前に外交官として活躍し、常設国際司法裁判所の所長を務めた、安達峰一郎氏のことだった。

渋江の家には峰一郎氏の顔写真や書が残されており、それらを拝見しながら話を伺った。

いとこ違いの安達峰一郎氏

東海林家の家系を辿ってみると、吉治の父親である仲吉の父、つまり吉治の祖父の姉（大伯母）に〝しう〟がいる。しうは山形県東村山郡高楯村《たかだて》（現在の東村山郡山辺町《やまのべ》）の安達久と結婚。5人の子どもに恵まれた。

3男2女のなかで、長男の安達峰一郎は、明治から昭和初期にかけて外交官、法学者として世界を股にかけて活躍した人物だった。祖父から見た峰一郎氏は「いとこ違い」の続柄になる。

安達峰一郎氏は法学の道を志して明治17年（1884）、15歳で山形から上京。「弱小国日本が列国の中に入り、日本の地位を高めていくために、国際法を学び外交官になって、国のために尽くす」と決意し、司法省法学校から、帝国大学法科大学法律科（現在の東京大学法学部）へ進む。

数年の間に国際法とともにフランス語、イタリア語、英語などを身につけたという。

帰省時に撮られた記念写真。
直筆のサインが残る

卒業後は外務省へ入省、イタリア公使館、フランス大使館に勤務した。

帰国後、国内勤務時の明治38年（1905）には、ポーツマスで行なわれた「日露講和会議」の全権委員随員に任命される。日本の全権代表は時の外務大臣、小村壽太郎。交渉は当初より不利であり、帰国後は国民の反感を買うことが予想されたが、それでも小村は引き受けた。

同会議の進行がフランス語で行なわれたため、フランス語に精通した峰一郎氏が通訳を務めた。会議内容の詳細なメモを渡して、小村代表を補佐したという。

その後、明治40年（1907）には法学博士を得、翌41年（1908）には再び海を渡る。

フランス大使館参事官、メキシコ公使、ベルギー公使（のちに大使）を歴任。ベルギー公使時代には第一次世界大戦の戦火を目の当たりにした。

戦火で焼失したルーヴェン・カトリック大学の図書館への本の寄贈を日本政府へ呼びかけ、財閥らによる組織からの寄付により、図書1万3682冊を寄贈（現在の約12億円）するなど、ベルギーの戦後復興に協力した。

さらに第一次世界大戦後のベルサイユ講和会議では随員として召喚され、各種の委員会に出席。国際連盟の会議では第2回総会から第10回総会までの日本政府代表を務めた。

また、常設国際司法裁判所設置に際し、裁判所規定起草の法律家委員会に参加。同所の設立に寄与している。

その活躍が評価された結果、昭和5年（1930）には、国際連盟理事会総会の圧倒的な支持の下《もと》、常設国際司法裁判所（現在の国際司法裁判所）の判事に選任、翌6年（1931）に判事の互選で第4代裁判所長に選ばれた。

さまざまな国を見聞し、世界の情勢や戦争の悲劇を目の当たりにするなかで、「外交官になって、国のために尽くす」との初心は、国家の思惑よりも倫理と人道を重んじた信念へと変化していったのだろう。

裁判所所長の就任演説では「法に基づく平和という理念の具現化を目指す」と述べ、国際紛争を司法的に解決する常設国際司法裁判所の理念を明確に表明している。

その信念から峰一郎氏は、「世界の良心」と呼ばれ、国際法学者としても高い評価を受けた。

約3年間の裁判所長在任中、日本を取り巻く状況が変化するなかで満州事変が勃発。日本は昭和8年（1933）に国際連盟を脱退した。日本への批判が高まるなかでも、安達裁判所長に対する信頼は揺らぐことがなかったという。

しかし重い責務が災いして健康を害してしまった。裁判所長を辞した翌年の昭和9年（1934）に、保養先のベルギーで発病、同じ年の12月28日、裁判所判事の職のまま逝去してしまう。オランダでは、ハーグの平和宮で外国人としては異例の国葬を執り行ない、峰一郎氏の死を悼んだという。

祖父も当然ながら、親戚にあたる安達峰一郎氏を知らなかったはずがない。

はたして世界で活躍した峰一郎氏の存在から、何かしらの影響を受け目標にしたのか、その関係も今となっては確認する術もない……。

仙台鉄道局教習所

大正15年（1926）11月17日付で、祖父は「仙台鉄道局教習所専修部電信科」に入所した。

仙台鉄道局教習所専修部とは、当時、鉄道を運営した鉄道省が、鉄道局ごとに設けた職員養成機関で、このうちの仙台鉄道局に設置されたものだ。もともとは職員用に設けられたが、大正8年（1919）からは部外者にも門戸を開き、試験をパスした者のみが入所できるように制度改定が行なわれていた。

退職後の昭和58年（1983）に書かれた日記によると、

「此の試験に合格したのは、奥羽6県と新潟県の7県から応募した1380人の中65人」というから相当な難関を突破したことになる。

「当時は就職難で、入学許可になると月給1・5円（1円50銭）もらって卒業すれば（2年で）36円となる。（仮に）傭人で就職すれば（月収）85銭。1年に3〜4銭昇給しても、（総収入が）36円になるには10年以上（かけなければ）ならないという。絶好のチャンスで、しかも一生雇員

終了記念冊子に掲載された仙台鉄道局教習所の外観写真

になれないのが雇員となり、金ボタンを付けて大威張された（できた）ものだ。特に冬の外套は警察官以上によかった。併《しか》し2週後仮入所で失敗すれば故郷に帰らなければならない悲惨なこともあった」

日記には、教習所へ入所する前夜のことが続けて記されている。

「16日中に教習所に出頭との通知なので、漆山駅から荷物を送った。その際、詳細に関わられた駅員がおった。それは本人も電信科に受験した、田谷貞太郎君だった。荷物は無賃、乗車券も入学許可証で無賃。（僕は）福島廻りで仙台に出発、教習所寄宿舎に到着。その晩就寝時刻になっても、僕の寝具だけが未着。同室に決まった鈴木東一君が漆山駅と仙台駅に照会。前日に発送した関係で（駅には）到着しておる事判明、高梨官補の部屋に行き外出の許可を貰って仙台駅まで取りに行く。今考えるとゾッとする」

荷物ひとつ送るのにも苦労した時代、新天地での期待や不安感もそこはかとなく感じられる。

この最初に入った教習所時代の仲間とは、その後も交流があったようだ。日記にも時々旧友たちのその後の様子が記され、また祖父の写真アルバムには、退職後に集まった同窓会での集合写真が幾枚か残されている。

昭和2年（1927）5月に仙鉄教習所専修部電信科を修了。6月1日より山形駅電信掛として現場に配属される。

昭和初期、第二次世界大戦前の鉄道の現場がどのような状況であったか、興味深いところであるが、詳細な記録が残されていないのが残念だ。

昭和7年（1932）11月には田中トミエと結婚。僕の祖母でもある妻のトミエは、いつもニコニコして、温厚で器の大きな女性だった。

祖母の人柄を伝えるひとつの逸話がある。

ある日、見知らぬ男が「お金を恵んでください」と、家にやってきた。その男に対して祖母は、「今、大きな札しかないので、お釣りをください」と言ってお札を渡し、しっかりお釣りを返してもらったそうである。

温かさの中にユーモアも感じられる祖母の人柄は、子どもたちばかりか、周囲の人々にもたいへん愛された。

祖父と祖母の間には6男2女を授かるが、第1子と第2子の男児は幼くして亡くしてしまう。祖父も祖母も大変に悲しんだことだろう。

息子たちにはそれぞれ、茂、正、功、弘、力、孝と1文字の名前を付けた。東海林の名字が3文字であったため、名前は1文字にしたのだという。名前を2文字にすると5文字になり、筆記テストなどで記名するだけで他人に遅れをとってしまう。そうならないためだ。これはいかにも祖父らしい考えだと思う。

戦時下の受傷と天皇陛下拝謁

昭和11年（1936）4月、祖父は山形駅出札掛を務めたあと、昭和16年（1941）頃には大石田駅に異動し駅務掛となった。その後、終戦の前後には大石田駅助役へと昇進しているのだが、やはり詳細な年代が不明である。

大石田駅に勤務した時代は第二次世界大戦の真っ最中。ある日、列車が駅を発車した直後に、

(上) 庭坂事件現場写真
(右) 東北巡幸先行列車乗車許可証

東北御巡幸
先行列車乗車許可證
乗車區間
米澤　福島
氏名 東海林吉治
昭和二十二年八月
新潟鐵道局

米軍の戦闘機が襲来した。

祖父は列車を止めようと、急いで列車を追いかけ、ホームから飛び降りようとして転倒。この時、足に大怪我を負ってしまったのだ。

大石田は小さな町ゆえに、この事故の噂はすぐに町中に広まった。

当時小学生だった次女の俊子は教師に「お前の父親は一生足が不自由になる」と言われ、ショックを受けたそうである。

しかし幸運にも、偶然に東京から疎開していた外科医が近所に住んでいた。

アキレス腱を切る大怪我だったが、その医師の

皇居前にて天皇陛下に拝謁を賜る　昭和34年（1959）

的確な処置により、後遺症が残らずに済んだのだそうだ。

戦後は旧山形管理部の運行係へと異動、この時期、昭和23年（1948）には、奥羽本線の庭坂《にわさか》〜赤岩間で脱線事故が発生している。のちに「庭坂事件」と呼ばれる事故である。

同区間には急カーブを伴った大築堤が存在するが、そこを深夜に通過した青森発上野行き第402急行列車が脱線転覆。列車は築堤から落下し、機関車が水田に突っ込んだ。列車を運転していた機関士と機関助士、偶然添乗していた技工の3名が死亡、荷物車に乗務していた車掌が負傷した。

事故後に警察が行なった現場検証では、急カーブ途中のレール継ぎ目板、犬釘、ボルトが取り外された形跡が発見された。事件性を帯びたものだったが謎のま

国鉄本社に招待され、屋上の「鉄道神社」前で記念撮影　昭和34年（1959）

ま迷宮入りしている。

　管理部の運行係に勤務した祖父が、実際に現場に赴いたのかどうか不明であるが、古いアルバムには、この事故現場の写真が張り付けられている。

　山形管理部のあとは新庄駅へ異動。運転掛、輸送主任を経て、新庄駅主席助役へと昇進する。

　主席助役といえば駅長の次のポスト。朝礼の時、職員の前で訓示する声が、家族の住む官舎までよく聞こえてきたという。

　そんな威厳ある祖父ではあるが、お酒がじつに大好きだった。主席助役は日勤なので、私生活では毎晩のように晩酌を楽しんでいた。

「3日で一升瓶が空いた」とは子どもたちの証言。

　お盆や正月には、駅員をはじめ、職員の訪問客も多かった。職員を官舎に招き、ご馳走を振る舞うこともあった。近所の鈴木精肉店から取り寄せた牛肉での「すき焼き」が定番だった。

庭には丹念に育てられた菊の鉢植えが50鉢近く並び、「(お酒だけではなく) こんな風流な趣味があったのですね」と来客に褒められたが、これは祖母の趣味。褒められた祖父本人は、ただ笑っていたそうだ。

家庭では、そんなくだけた一面も見られるが、家にいる時でも、列車の運行状況がいつも気になっていた。「仕事ひと筋で授業参観に顔を見せたことがなかった」と、子どもたちは口を揃えて言う。

そんな新庄駅主席助役を務めた昭和34年(1959)10月22日のこと。第80回の鉄道記念日の行事で十河信二《そごうしんじ》・第4代国鉄総裁の招待を受け、東京・丸の内にあった国鉄本社に招かれている。秋田鉄道管理局内から助役代表としての出席だった。

同じ日に皇居前で天皇陛下拝謁にも参列しており、その模様を撮影した写真が残っている。祖父にとっても晴れがましい栄誉ある一日だったろう。

父子一緒の職場

祖父が国鉄人生の総仕上げとして、駅長に就任したのが昭和36年(1961)4月のこと。

昭和36年当時の神町駅前風景

着任地は奥羽本線の神町駅だった。

それから昭和38年（１９６３）３月末までの約２年間、神町駅長を務めた。

次女である俊子は、同じ時期に神町駅売店に勤務した。父子ともに同じ「駅」という職場で働いたことになる。

当時の駅長であった祖父のことを知るうえで、誰か祖父のことを覚えている人がいれば、話を聞きたいと思った。

「半澤さんはどうがな」と母。

もと国鉄職員の半澤昭一さんは、現在は、さくらんぼ東根駅前に住んでいるという。

さっそく連絡をとってもらい、翌日ご自宅に伺った。

「いつも、頑張れと声を掛けられだっけ」

半澤さんに祖父のことを伺うと、開口一番にそう話してくれた。

「試験を受けなさいと励まされ、おかげさまで、掛職試験に合格した。手職から掛職に昇格できたんだ」

話を聞いているうちに、子どもの頃、お年玉を手渡されながら「しっかりやりなさい」と励まされた祖父の姿が目に浮かんだ。

祖父に関する話はそれだけだったが、それでも十分だった。

半澤さんが国鉄に入り、神町駅に配属されたのは昭和22年（1947）6月のことで、それから昭和56年（1981）までの34年の間ずっと神町駅に勤めた。

半澤さんは、いわば神町駅の主のような存在だった。

神町駅に勤務した34年間のうち、祖父と時期が重なっているのはわずか2年間だけ。そんな短期間の「駅長の思い出」といっても、かなり特徴的な出来事でもない限りは、詳細に覚えていること自体が少なくて当然だと思う。

それよりも、半澤さんが体験した貴重なエピソードの数々に、むしろ興味が湧いてきた。それは、戦後すぐの神町駅の話だった。

連合軍鉄道輸送司令部事務所

「神町駅にはアメリカさんがいだっけがらね」と半澤さん。

半澤さんが呼ぶ「アメリカさん」とは、昭和21年（１９４６）７月から昭和27年（１９５２）4月までの約６年間神町駅に置かれた「連合軍鉄道輸送司令部事務所」（Railway Transportation Office＝ＲＴＯ）に勤めた米国人職員のことだ。

祖父が働いた時期には、ＲＴＯはすでに撤収していた。

昭和20年（１９４５）８月15日、日本はポツダム宣言を受諾し太平洋戦争（第二次世界大戦）が終結。敗戦の影響は山形の田舎町にもおよぶこととなった。

約ひと月のちの９月17日、ジープ約１４０台、３５０人からなる米占領軍（ＵＳＯＦ）の先遣部隊が、横浜から神町へと到着した。一行はそのまま神町海軍航空部隊基地へ入り、このうち46台、１５０人が残り駐屯したと伝わる。

また２日後の19日には、約８５０人の第11空挺師団が10両編成の臨時列車で神町駅に到着し、本格的な駐屯が始まった。

この神町駐屯地への物資、兵員輸送を円滑にする目的で、昭和21年（１９４６）７月には連合

天井ファンとシャンデリアの跡が残る

国軍最高司令官総司令部（GHQ）の下部組織にあるRTOが神町駅に設置された。

すぐに神町駅の南側で奥羽本線から分岐し、駐屯地へ入る約3キロの専用線も敷設される。

また、RTOの事務所スペースを併設した新駅舎が建設。

半澤さんによれば、時価800万円という費用をかけて、昭和22年（1947）9月1日に竣工したという。この金額は、消費者物価指数の推移をもとに計算すると、現在の1億2800万円に相当する。

これが現在の神町駅舎である。

「高い天井さは、シャンデリアが下がって、天井ファンがまわって、当時は珍しい電気ストーブやシャワーもあったけな。シャワーは井戸から水を揚げてパイプで送って、大きな桶に溜めて使った。事務室の南に小部屋があって、その部屋の西、入って右手にシャワーとトイレ、広い東の部屋にはベッドがあっけ」

半澤さんが、時に目を閉じて、懐かしむように語り始める。

「床が板張りで、アメリカさんは外から汚れた軍靴をはいてくるから汚れんなだっけ。ひとりばりならいいが、5~6人も入ってくると土だらけになり、モップで拭いて掃除した。アメリカさんが歩いた後の尻ぬぐいだ（笑）」

「最初に来たのがブキャーナン、その次に来たのがスミス、何ていうスミスか分かんないけど……。部屋さはソファ置いて、電気ストーブをつけてゴロゴロっていんなだっけ」

国鉄に入ったばかりで、駅手だった半澤さんはよくアメリカさんの相手をさせられ、用事を申しつけられたそうだ。

「ハンザーワ」とスミスが呼ぶので行ってみると、英語で「セッダン（Sit down)」と言われた。目の前にはトランプが置いてあり、退屈しのぎの遊び相手をさせられた。

「だいたいは七並《しちなら》べだっけな」

神町駅では5人の若手職員が交代で、朝8時半から翌朝の8時半までの24時間体制で、アメリカさんの世話をしていたのだという。

「警備係（神町警備隊）もいだっけな。腕章つけて。ゴロツキみだいなのが来て、アメリカさんに何かすると悪いがらね」

「アメリカさんから命令されると、山形にある山形管理部に連絡すんなだっけ。管理部さ英語喋るのがいだんだ」

ある日管理部から要請が入った。ＲＴＯから命じられたのは、アメリカさんのために、わざわざ上ノ山に〝バター〟を取りに行くというものだった。

「上ノ山さ明治乳業の工場があったんだ。送るなんてでぎなかったがら、袋に少し氷を入れて、途中で溶けないように工夫した。神町から上ノ山まで、山形の停車時間も含めて50分くらいかかったけど、何とか溶けずに運んで来たもんだ」

〝お遣い〟はほかにもあった。

「スミスっていうのは、彼女をもうけて、駅の線路を渡った向かいに住まわせていた。その彼女の部屋に冷蔵庫があったんだけど、昔の冷蔵庫は電気でねぐ、氷を入れて冷やしたんだ。氷はこの辺では作ってねがったがら、山形から汽車で送らっでくんなだっけ。その氷を彼女の冷蔵庫まで運ばされだもんだ。重いし、冷たいしで、本当にやんだっけな（嫌だったな）」

神町駅の構内は広い。線路は下りが1から5番、上りも1から3番まであった。

「線路はみなで8本、それを横断するんだからぁ」

ＲＴＯに勤めた職員の実際の仕事は、米兵に対する乗車券販売と、貨物の取り扱いが主。案外ヒマだったのだろうか？　そう質問すると、意外にそうでもなかったようだ。

「貨物がしょっちゅう来るっけのよ」

駐屯地への専用線は、物資や関係者の輸送に使用された。神町駅には機関車、機関士、機関助士がほぼ常駐。構内には機関車への給水設備、石炭置き場も設置されたという。

最盛期の昭和25年（１９５０）頃には、駅職員96人、ほかに電力や建築関係を加えると、神町の国鉄職員は総勢１３０人ほどの大所帯になっていた。

半澤さんは、手旗を持って機関車に乗り込み、駐屯地へ入る列車の誘導も担当した。専用線に入る手前で一旦停車、本線から分岐するポイントの転換も仕事のひとつだった。

引込線へ入る列車は多く、貨物のほか、朝夕には駐屯地で仕事をする日本人も運んだ。駐屯地で働く日本人はパスポート（実際は通行証）持参で通勤したのだとか。

また、時々日本各地を巡回したＲＴＯの「販売列車」も入線した。

「米軍のコックさんが作る料理ばがりでねぐ、アメリカさんも、たまには販売車の品々を買って食べっだなんねっけが」と半澤さんが話す。

昭和26年（1951）、サンフランシスコ講和条約締結を受け、翌27年（1952）4月28日には同条約が発効。琉球、小笠原などの島しょ部を除いて連合国軍の占領が終了した。条約が効力を発するのに先がけて、RTOは4月1日に神町駅から撤収。神町駅の駅員がアメリカさんの相手をすることもなくなった。

米占領軍は、日本駐留米軍に改められ、駐屯を続けたが、昭和31年（1956）6月に撤収した。米軍が引き揚げた駐屯地には、自衛隊の前身である警察予備隊が入り、今日、同地は陸上自衛隊第6師団の駐屯地になっている。

半澤さんの話を聞き、神町駅の存在が、生々しく立ち上がってくるように感じた。祖父が神町駅で働いた昭和36年頃には、「アメリカさん」の面影も今よりハッキリと残っていたのだろう。戦争の「残り香」の中に、祖父は駅長として立っていたのだ。

残された日記帳

祖父の残したメッセージは、昭和58年（1983）までに書かれた日記帳が唯一といっていい。日記であるので、内容は日常の出来事がほとんどだ。来客者のことや世間のニュースなど、時には胃の具合が思わしくないなど、毎日欠かすことなく記されている。

退職後に贈られた肖像画

日々の記録のほかにも、空いたスペースに綴られた長い文章が見られる。仙鉄教習所に入所する前夜のこともこの日記のメモスペースに書かれていた。いわば祖父のフリートークのような空間で、これまでの生涯を振り返ったような記述も、いくつかあった。

「人生はマラソン競走と同じだ。福岡マラソン競走で優勝した瀬古（利彦）選手の気付きをよく見習うべきだ。（中略）己は馬鹿だが、現在はなんと不自由なく愉快に暮らしている。その人によって違うが、己はそれで目的達成した」

「子どもは6人おるが、みんな心配するような者もいないので、おれは幸せだ。何を言っても健康第一、おれは現在の事を楽しんで暮らしてきたが、俺の我が儘の事は分かるが、後継者はおれのために、おれ以上に楽しく暮らしていけると思う」

日記の隅に書かれた、プライドも感じさせる言葉は、子どもや孫たちへのメッセージとして、時を経て天から語りかけられているように感じられた。

異国を思わせる神町駅舎のアルファベット表記

第3章 鉄道公安官——叔父の仕事を語る

車内警備中の功氏（右）

鉄道公安官の仕事

旅客公衆の安全と輸送秩序を維持するため、駅、列車内や線路などにおける犯罪、妨害行為等を防止して、旅客や荷主に快適な輸送サービスを提供することを任務とするのが「鉄道公安官」である。正式名称は「鉄道公安職員」。他の国鉄職員とは違い、警察官のような制服に身を固めているが、れっきとした国鉄職員であった。

昭和39年（１９６４）より、国鉄が分割民営化される昭和62年（１９８７）まで、鉄道公安官の仕事を務めたのが東海林功《いさお》。国鉄一家、東海林家の三男である。

そんな僕の叔父の仕事を、ここでは、本人の体験談を元に記していくことにしたい。

駅手から憧れの鉄道公安官へ

東海林功は昭和17年（1942）2月20日、山形県北村山郡大石田町に生まれた。

国鉄に勤めた父の背中を見て育った影響もあり、高校を卒業後の昭和34年（1959）5月1日付で国鉄に入職。試用員として2カ月を経た7月には駅手（現在の「駅務掛」で、当時は駅手という呼び名が一般的に用いられた）の仕事に就いた。

最初の赴任地は奥羽本線の泉田《いずみた》駅。父が務める新庄駅のすぐ北隣だった。

駅手の仕事は、何でもこなさなければならなかった。

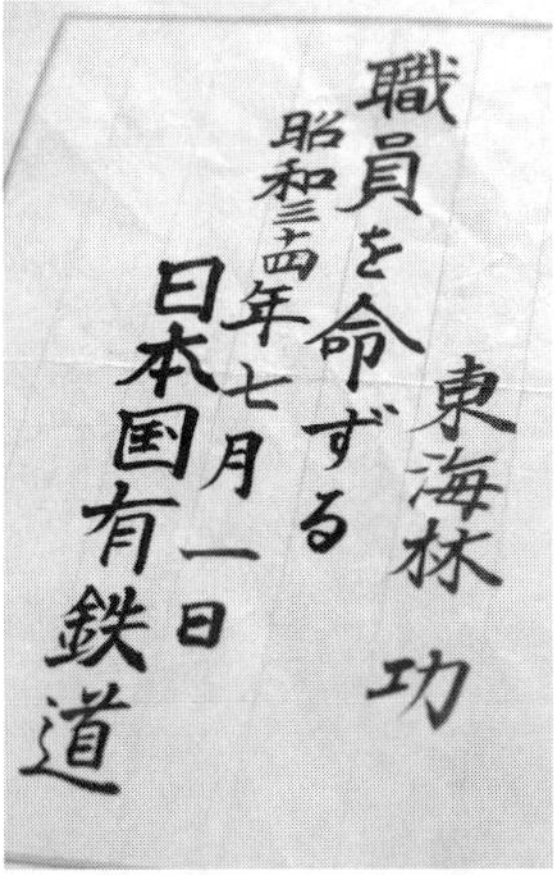

国鉄職員を命じられた辞令

駅の掃除から集改札、貨車の連結、手小荷物の受託発送、転轍器の転換作業など。ただし、信号機やタブレット、閉塞器の扱いなど、運転関係で責任の重い仕事は禁じられていた。

泉田駅で働いた昭和30年代初頭、泉田駅には駅長ひとりを筆頭に、助役、出札掛、貨物掛、転轍手、駅手にそれぞれ2～3人。あの小さな駅に総勢13人ほどが交代で働いていた。

当時の泉田駅では貨物の取り扱いがあり、カボチャ、蜂蜜、牛などを発送した。到着する荷は、駅の北東、金山川《かねやまがわ》上流に桝沢ダムを建造していた関係でセメントが多く、ほかに農協宛ての肥料などもあった。

そんな泉田駅での仕事にもようやく慣れたある日、今でも忘れられない出来事に遭遇した。朝、気分良く駅に出勤すると「東海林、北部分岐付近に急行せよ！」と、先輩の駅員に声をかけられた。

急ぎ足で構内の北側へ向かうと、何やらいつもと様子が違って騒々しかった。近づいてみると、列車に轢かれた人が線路上に横たわっていたのだ。

それが生まれて初めて事故現場に立ち会った瞬間だったが、あまりにも無残でショックを受けた。できれば一刻も早くその場から離れたいと思った。

しかし、現場検証が終わったあとに、「線路外に遺体を移動するのを手伝え」と先輩に指示された。言われるままに、何とか遺体の移動を終えた。すると県警の警察官が、慣れた様子で遺体の顔を洗って写真撮影をした。何ともやるせない光景だった。

その後、鉄道公安官の道へ進むこととなったが、このような事故現場と遭遇したことが、安全や事故防止に対する確かな思いとして、心に刻まれたのだろう。

泉田駅で４年ほど勤務したのち、昭和37年（１９６２）の冬に「公安試験」を受けた。駅手から次へ進むには、試験にパスする必要があった。

鉄道員の仕事とひと口にいってもさまざまな職種がある。そのなかで、これから目指す職種として、運転士でも、駅員でも、車掌でもなく、公安官の道を選んだ。

その一番の理由は憧れだった。制服と白い手袋をして主要駅のホームに立つ公安官の姿を見るにつけ「格好いいな」と思った。公安官は主要駅でしか目にすることがないため、なおさら憧れたのだ。

試験には無事合格。しかし、すぐに鉄道公安官にはなれなかった。

まずは仙台にある東北鉄道学園の「普通課程公安科」に昭和38年（１９６３）の年頭から４カ月半ほど通った。

鉄道学園は、鉄道院時代、各鉄道管理局に設置された教習所を嚆矢とする。

第２章で功の父・吉治が、大正15年（１９２６）に入所した時には仙台鉄道局教習所だった（49ページ参照）が、昭和36年（１９６１）に、東北鉄道学園と名称変更された。

学園では鉄道の概要や規定、一般的な常識に加え、例えば刑法や刑事訴訟法、民法など、鉄道

射撃訓練のようす

公安官になるための専門的な法律や知識を学んだ。北海道、秋田、盛岡、東京、長野、名古屋など、東日本各地から集まった17名とともに鉄道公安官になるための勉強を重ねた。

ところが教習が終わっても、すぐには職場へ配属されない。職場に空きがないと仕事に就けなかったのだ。ようやく配属されたのは、教習を終えてからほぼ1年後。昭和39年（1964）4月8日、奥羽本線弘前駅にある、弘前鉄道公安室の公安員として発令された。

鉄道公安官になって扱うようになったのが、拳銃、警棒、手錠の3点セット。特に拳銃は紛失したら一大事であり、万が一混雑する駅で発砲した場合の影響を考慮し、携行しないのが通例だった。

ただし、天皇皇后両陛下、皇族方や国賓、現金輸送車両など、重要な警備の時には携行した。

弘前、山形。そして福島へ異動

鉄道公安官の仕事のなかには、その地方によって独特な任務もある。弘前では観光シーズンを中心に、観光客や乗客の誘導に忙しかった。

特に春の弘前公園で行なわれる「弘前さくらまつり」の頃は弘前駅も大混雑。列車から降りた乗客でホームが溢れんばかりになった。

「列を乱さないで、並んでください。白線から下がってください！」と声をかけて安全喚起に努めた。

それでも次から次へと人々が押し寄せてくる。夕方になると夜桜見物に加えて帰宅する人も加わって、雑踏はいっそう膨れあがった。駅への入場を制限したほどだった。

やがて、19カ月を過ごした弘前から、昭和40年（１９６５）11月には山形鉄道公安室へ異動になった。

冬の山形駅で思い出すのがスキーヤー誘導の仕事。

当時はスキーブームで、シーズンには蔵王のゲレンデを目指すスキーヤーが、山形駅に押し寄せた。

週末には、旧型客車に10系寝台（３段式Ｂ寝台車）を連結した急行「ざおう銀嶺」、キハ28・キハ58・キロ28で組成された「奥羽雪国」などの、スキーヤーに向けた臨時列車も運転された。

特に年末年始には帰省やUターン客と重なり大混雑。

「ざおう銀嶺はこっちですよ！」と声を掛けて、利用者には駅前広場に並んでもらった。列車の準備ができたら、先頭のお客さんから順番に来た列車に案内した。毎週末ごと、多数の乗客を案内した。

そんな山形駅を離れ、昭和45年（1970）4月1日には福島鉄道公安室に異動した。国鉄を定年退職した父が福島市へ引っ越していた。両親の面倒を見る意味もあり、自分も親と一緒に福島で暮らしたいと考え、異動希望を出していたのだ。

山形は秋田鉄道管理局の管轄で、福島は仙台鉄道管理局。当時は管理局を越えた異動は難しかったが、ようやく希望が叶った。

福島鉄道公安室に異動ののち、昭和48年（1973）には仙台鉄道公安室の公安班長を拝命し、仙台へ転勤。8月から12月までの4カ月間、東京・国分寺の中央鉄道学園高等課程公安科に入校した。各地方の鉄道管理局付属の学園もあったが、中央鉄道学園は唯一、本庁付属の学園だった。北は北海道から南は九州までの同期40名と、寝食をともにしながら講習を受けた。

講習後、主任試験にパスし、昭和50年（1975）2月21日には郡山で鉄道公安主任となった。

昭和42年（1967）に妻・芳子《よしこ》と結婚し、昭和43年（1968）には長男の仁《ひとし》が誕生。昭和47年（1972）には長女の久美子も生まれた。班長から主任へと昇級するなか、仕事は忙しく、公私ともに充実した毎日だった。

ただ、異動が多く、単身赴任の連続であったため、久しぶりに家に帰ると、我が子に泣かれて困ったものだった。

父親の顔を忘れ、知らない人が来たと思ったのだろうか……。この時だけは、少しだけ寂しかったのを覚えている。

それでも昭和52年（1977）2月には福島鉄道公安室公安主任として福島に戻る。2年間だったが「家族水入らず」の毎日を送ることができた。

不夜城の駅に集まる人々

福島や郡山、仙台に勤務した昭和40年代後半から50年代初頭は、まだ東北新幹線が開業する以前で、東北本線は北へ向かう鉄路の大動脈だった。首都圏と各地を結ぶ昼行の特急・急行に加え、上野と青森、盛岡、秋田などを結ぶ夜行列車が数多く運転された。

この時期に勤務したそれぞれの駅では、往来する夜行列車の通過は深夜帯となっていた。各駅とも深夜に列車が停車し、駅は乗降客に対応した。このため駅は一晩中閉鎖することがなかった。ところが、夜も駅が閉まらないのを都合よく利用し、住所不定者などが、夜な夜な駅に集まってくる。彼らにとっては、雨露を凌げ、冬も暖かい駅の待合室は格好の休息場所だったのだろう。

そんな彼ら（女性の姿もあった）とは、警ら中に何度も顔を合わせ、なかには顔見知りになる者もいた。時には公安官の姿を見て逃げ出す場面もあり「何か都合の悪いことでもしでかしたのだろうか？」と思うこともあった。

深夜の待合室で、酔っ払いが酒盛りを始め騒ぐ場面もしばしばあった。駅員から「待合室で騒いでいる、今すぐ来てくれ」と要請が入ると、現場へ急行して対処した。

酔っ払いはタチが悪く、注意しても言うことを聞かない者が多い。他の乗客の迷惑になるような時は強制的に地外退去してもらった。待合室は居酒屋ではないのだ。

公安室には留置場（俗に言う「ブタ箱」）がないので、あまりに悪質で保護する必要がある場合は、最寄りの警察署に引き継いでもらった。

今では夜行列車もめっきり少なくなり、主要駅でも深夜は施錠するようになった。当時を思い出すと隔世の感を覚える。

夜汽車にて

鉄道公安官の仕事のひとつに「警乗」という任務がある。文字どおり、列車に乗務しながら車内を警備するものだ。

弘前時代には、奥羽本線経由で青森と上野を結ぶ急行「津軽」が警乗を担当した主な列車。弘前から上野まで1往復、車中2泊になる長い行路だった。また、福島や郡山では急行「八甲田」などに警乗。各公安室では乗車行程を示す「警乗行路」があり、それに従った。

夜行急行の多くは、4人向かい合わせのボックスシートを配した座席車がほとんどで、これに3段式のB寝台車やグリーン車などを連結していた。

夜行列車では、眠りにつく乗客は無防備な状態になる。車内で一夜を過ごす乗客が安心して休み、安全に旅ができるように、徹夜で車内を巡回した。

夜行列車は独特の雰囲気があった。昼間の特急列車の快活な雰囲気とは違い、どこか重苦しいような空気が漂っている。ひとえに昼夜の違いという理由だけではない。夜に移動しなければならない人々の思いが滲み出ているからだろうか……。

そんな旅人の無防備につけ込むような犯行は厳しく取り締まらなければならない。

深夜の福島駅に停車する上野発青森行き急行「八甲田」　昭和59年（1984）頃

以下に、夜汽車ほか、車内で発生するさまざまな犯行の事例を挙げてみよう。

・寝台盗

寝台車内での盗難は特に「寝台盗」と呼ばれる。各ベッドは、通路からはカーテン1枚で仕切られているのみ。様子をうかがいながら、睡眠中やトイレに立った時などを見計らって、寝台内の荷物から貴重品を盗むのだ。深夜、乗客が無防備になる隙につけ込んだ卑劣な犯行だ。

山形鉄道公安室に勤務した昭和40年代初めの頃、ある晩の出来事だった。

23時を過ぎて、上り急行「津軽」に乗務中の車掌から「乗客から盗難被害の届け出があった」との連絡が入った。すぐに準備し、列車が山形駅に到着する時間に合わせ、ホームに出場して待機した。

被疑者と思われる60代の男に任意同行を求め、列車から降りてもらい公安室で事情聴取を行なった。

すると、所持品の中に被害品の財布が見つかった。これが十分な証拠となるため緊急逮捕した。警察に引き渡して取り調べたところ、その被疑者は前科13犯といういわば〝オオモノ〟だったことが判明した。

・ブランコ

座席車の場合に用いられたのは「ブランコ」と呼ばれる手口だ。これは昼夜関係なく、どの列車でも用いられた。

はじめに帽子掛けに背広をかけているのに目星をつけて、隣に自分の背広を掛ける。次に頃合いを見計らって、自分の背広を触るふりをして、隣の背広のポケットから財布を盗み、自分の背広のポケットに移すやり口だ。

揺れる背広が、あたかもブランコのような様子から、そのように呼ばれたのだろうが、決して許されるものではない。

・真夜中のアイスクリーム売り

不正な車内販売も取り締まった。東北本線の夜行列車の車内では無許可でアイスクリームを売る業者がいた。

「きれいな人にはサービスしますから」などと言って乗客を笑わせながら、アイスクリームの入った段ボール箱を持って車内を売り歩いた。

一見、問題ないようだが、許可を得ずに車内販売することは鉄道営業法第三章「旅客及公衆」の第三十五条『鉄道係員ノ許諾ヲ受ケスシテ車内、停車場其ノ他鉄道地内ニ於テ旅客又ハ公衆ニ対シ寄附ヲ請ヒ、物品ノ購買ヲ求メ、物品ヲ配付シ其ノ他演説勧誘等ノ所為ヲ為シタル者ハ科料ニ処ス』に抵触する。

何度か検挙したことがあったが、実際には軽犯罪程度なので罰金もない軽い罪なのだ。事情を聞いたらすぐに釈放されるため、当事者たちも罪悪感が薄い。検挙されたことより「アイスクリームが溶けて、売り物にならなくなる」と、苦情を言う始末。

ある夜、大宮駅付近で取り調べたところ「ずいぶん厳しいね。まるで泥棒捕まえたみたいに大げさじゃないか」と開き直られたこともあった。
・スリ集団
夜汽車のみではないが、車内でのスリ犯罪も取り締まった。スリ犯のなかには、例えば3人ひと組などのチームを組んで役割を分担し、組織的な手口で犯行におよぶ悪質な者たちもいた。

きっぷを買う時に隙がありそうな人に狙いをつけておいて、財布をバッグに仕舞うのを見ている。

やがて、狙いをつけられた人が列車に乗り込む時、何食わぬ顔でスリ犯らも一緒に乗り込むのだが、この時が犯行のタイミングとなる。

先頭に立ったスリ犯が、すぐに逆行して降りる行動に出るのである。

乗車の動線を乱すことで、車内に小さな混乱が生じ、その混乱に乗じて狙った乗客を囲んでスリを行なうという野蛮な手口である。

事故現場の写真撮影

鉄道事故現場での捜査も公安官の仕事のひとつで、現場の記録写真撮影も行なった。

福島鉄道公安室時代、泊まり勤務の夜だった。深夜2時頃、東北本線福島〜瀬上《せのうえ》（現在の東福島駅）間で貨物列車脱線の一報を受けた。

すぐに現場へ急行。事故現場で貨車4〜5両が脱線している状態だった。

事故後、最初に現場へ到着した者を「第一臨場者」と呼ぶ。

その脱線事故現場では第一臨場者として、周辺の聞き込みや、現場の写真撮影など速やかに行なった。この時撮影した現場の写真は、貴重な記録写真であると認められ、評価された。

今と違い、現場の写真撮影にはモノクロフィルムが使用された。撮影したフィルムは、ネガ現像をして、印画紙に焼き付けた。

公安官が自らの手で暗室作業をしたため、公安室には写真暗室が設置されていた。現像液も自分で作って管理した。

フィルム現像は工程として、現像液にフィルムを浸す「現像」、1〜2パーセントに希釈した酢酸で現像の進行を止める「停止」、定着液でフィルムに像を定着させる「定着」があるが、「定着」が終われば、ようやく明るい場所で画像の確認ができる。

現像タンクからフィルムを取り出して水洗をする時、裸電球の下でネガ画像の無事を確認するとホッとしたものだ。

暗室作業は、絶対に失敗が許されない。仲間のなかには現像を失敗した者も居たが、幸いにも自分は一度も失敗しなかった。もともと写真が好きだったせいもある。

弘前勤務時代に初任給で買った「Canon 7」は、仕事でも使えるようにと思い購入した。実際に事故現場の記録写真撮影に長年使用した。

事故予防

どのような事故現場も、悲惨な状況に変わりはないが、踏切などでの人身事故ほど辛い場面はなかった。

ある日、軽トラックが踏切で立ち往生し、列車と衝突した。軽トラックに乗っていたのは若い夫婦で、不幸にも即死だった……。

おそらく結婚してからそう年月は経っていないだろうに、幸せな新婚生活が事故により一瞬にして奪われてしまったのだ。

少しして、どちらかの両親が現場へ現れたが、ショックを受けた様子で唖然としている姿を見た。

「言葉が出ない、とはこういうことなのだろうか」と思った。

昭和51年(1976年)　10月25日　(月曜日)

仕事の合間をみつけ、人形劇の練習に励む郡山鉄道公安職員

人形劇で鉄道事故防止

巡回公演続けて8年

郡山鉄道公安室　園児、児童に好評

事故防止キャンペーンを伝える新聞記事

それは余りに残酷な現場だった。
踏切事故や線路立ち入りを防止するため、人々へ呼びかけるのも大事な仕事のひとつだと、事故現場を幾度も目にするうちに思いを強めた。
小学校や幼稚園へ出向いて、踏切の横断指導にあたったり、指人形の人形劇で安全を呼びかけたりを実行した。より強く興味を持ってもらおうと、事故防止用の文房具なども配布した。事故が起きないよう、未然に防ぐのがいちばんなのだ。
長年現場での任務に就いたが、昭和54年（1979）には仙台鉄道管理局、営業部公安課の公安課員を拝命。現場から指導監督する立場の管理部門となった。
以降は簡単に略歴だけ書き留める。
昭和54年（1979）4月、営業部公安課主席
昭和56年（1981）7月、駅長等幹部登用試験に合格
昭和57年（1982）、福島鉄道公安室鉄道公安主任（副室長）
昭和58年（1983）3月、仙台鉄道管理局営業部公安課主席（営業事故係長）
昭和59年（1984）3月、仙台鉄道管理局公安課警備係長
昭和60年（1985）3月、仙台中央鉄道公安室の警務企画科長（副室長）

1日だけの無職日、国鉄から県警へ

昭和62年（1987）4月1日、日本国有鉄道は分割・民営化され、新会社がスタートする事になった。

65人あまりの職員が配属される、仙台中央鉄道公安室の副室長という要職にあったが、昭和62年（1987）3月31日に辞令を受けて国鉄を退職した。国鉄職員は全員が、この日に辞令を受けた。本来、国鉄の定年は60歳だったが、当時は46歳、父のように「生涯国鉄マン」とはいかなかった。

JRがスタートした4月1日は、この日1日だけ無職の身となった。というのも、次の職場に内定していた福島県警に採用されたのが、4月2日だったからだ。福島県警では、郡山警察署の外勤課で警部補として就任。職場は変わっても、仕事を続けられることが本当にありがたかった。

その後、郡山警察署で3年勤務ののち、平成2年（1990）に福島警察署・地域課の第一係長に。3年間交番の指導など行ない、平成5年（1993）には、同じ福島警察署で清水交番の交番所長、平成7年（1995）に機動警ら係長と、交番から機動警ら係まで、県警察ではさまざまな仕事を経験した。

そして平成８年（１９９６）からは鉄道警察隊に異動となった。鉄道警察隊は国鉄の分割民営化を受けて全国の道府県警察本部や警視庁に設立されたものだ。

鉄道警察隊福島分駐隊、管理係長兼福島分駐隊長が最後の任務。警部の辞令を受けて平成13年（２００１）３月に退職した。

23歳で鉄道公安官の仕事に就いてから37年、勤め上げた仕事の日々をこの日卒業した。鉄道公安官の仕事を引き継いだ鉄道警察隊が、最後の職場になったのも、何かの縁だろうか。

退職後、鉄道公安官として勤め上げた37年を振り返ってみると、さまざまな情景が浮かんでくる。

夜行列車そのものが風前の灯火になった現在、急行「津軽」などの夜行列車に警乗した日々が、今では懐かしく思い出される。

「あの頃は、一晩中寝ないで車内巡回に努め、朝方、上野に到着してから、夜の出発時間まで公安室の離れにある宿泊所で仮眠したものだ」

再び下り列車に警乗する際には、疲れを残さないように気をつけた。一見ハードな任務に思え

退職後、自宅にて

るが「仕事だから」と思えばこそ、特に大変と思わなかった。

また、公安官に限らず、鉄道の仕事は、一般の人が休みのお盆や正月は特に忙しく、家族とゆっくり休日を過ごせることはなかった。

子どもが成長したある日、

「小さい頃、休みの日にお父さんと遊びに行った記憶がない」

と言われたこともある。正直、そんなふうに思われていたのかと、少しだけ辛かった。

しかし、「これが自分の選んだ仕事なのだ。自分も含めて、周囲には嫌だと言って辞める者はほとんどいなかった」と語る。

国鉄に勤める者としての誇りがあったからだ。

夕闇が迫る駅。鉄路は乗客の安全とともに夜通し守られる

第4章

電気工事局工事事務——もう1人の叔父の言葉

東北鉄道学園でテレタイプ教習を受ける　昭和43年(1968)

縁の下の力持ち、工事関係の仕事

鉄道にはさまざまな職種がある。

乗客と直接対面する駅員や車掌の仕事は、一般の人々にも馴染みのある職種といえる。また、列車を運転する運転士は、いつの時代も少年たちの憧れだ。

これに対して、車両の点検・整備をする検修の仕事、また運行の管理や現場の指導を行なう管理部門、保線を行なう保線区などの職場、軌道や構造物などを建築する建築や工事などの職場は、「縁の下の力持ち」的な存在ではないだろうか。

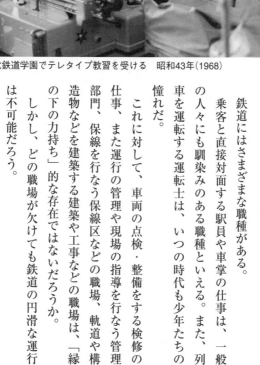

しかし、どの職場が欠けても鉄道の円滑な運行は不可能だろう。

そんな「縁の下の力持ち」的仕事のひとつ、電気工事の事務や経理に携わってきたのが、東海林家の五男・力《つとむ》である。

ここでも、本人の談話を元に、仕事と体験を振り返ってみることにしたい。

国鉄へ入職

東海林力は、東海林家の次男として、昭和20年（１９４５）３月26日、山形県北村山郡大石田町に生まれた。

昭和38年（１９６３）３月に山形県新庄市内の高校を卒業。父親の国鉄退職と入れ替わるように、同年４月１日、国鉄に入職。最初は「試用員」として働いた。

国鉄では社会人としての適性を見るため、２カ月間の試用期間が設けられていた。給与は日給制で当時４８８円。

配属されたのは奥羽本線の新庄駅。職務は構内作業掛連結担務。

構内作業掛のなかでも、特に連結の仕事は危険な作業もある。このため父親はたいへん心配した。

「駅でなく、機関区や保線区だったら空きがあるかも知れない」と各方面に問い合わせてくれた。

父はかつて、新庄駅で輸送主任や主席助役を務めていた。いわゆる「顔が利く」時代であった。

しかし、機関区や保線区には空きがなく、同じく中間の小駅にも空きはなかった。中間の駅では連結作業の割合が少ないので、そちらも調べてくれたようだった。

結局は、新庄駅での連結の仕事に就くこととなったが、「駅で働きたい」との思いが強かった。父親の背中を見て育ったせいもあったのだろう。

試用員を経て、2カ月後の6月1日に本採用となった。

鉄道の十字路

山形県北部に位置する新庄市は鉄道の要衝である。

東北地方を縦貫する奥羽本線が南北に通り、山形・宮城県の北部を横断する陸羽東線、陸羽西線が東西に通る。その縦軸と横軸の路線が交差するのが新庄駅。その線形から新庄は「鉄道の十字路」あるいは「東北の十字路」と呼ばれてきた。

加えて、南は福島駅、北は秋田駅より、それぞれ約150キロ。両主要駅のほぼ中間にあるため、運転上の重要な拠点とされた。

新庄には駅に併設して機関区、客貨車区、電力区、通信区などの各機関が置かれた。構内総面積は11万1799平方メートルにおよんだ。

輸　送　概　況

昭和42年2月分　　新庄駅

作業概要　（一日平均）　（上段は前年度）

分解列車 本数	分解列車 車数	組成列車 本数	組成列車 車数	解結列車 本数	解結列車 解放車	解結列車 連結車	到着車	発送車	中継車 上り	中継車 下り	中継車 計	通過車 上り 要作業	通過車 上り その他	通過車 上り 計	通過車 下り 要作業	通過車 下り その他	通過車 下り 計	通過車 小計	合計
							69	69	180	222	402	32	3	35	25	33	58	93	633
15	337	15	339	12	120	129	67	67	208	273	481	27	8	35	30	43	73	108	723

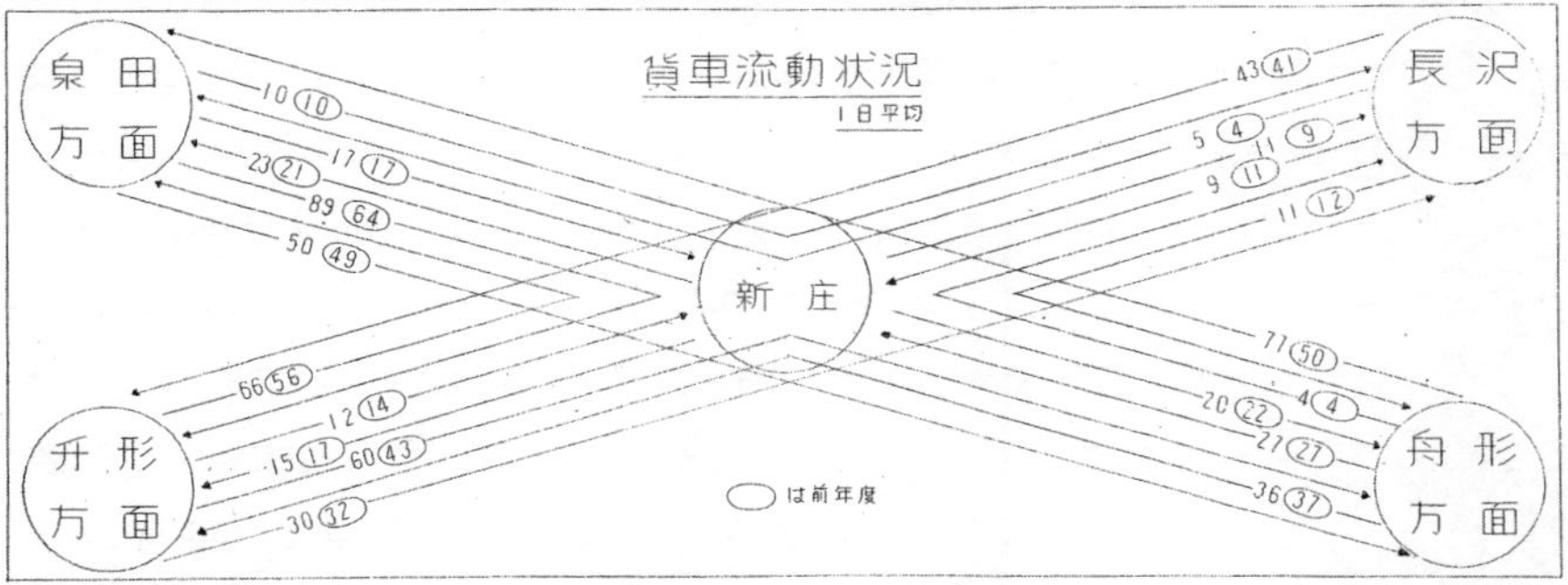

年度別 ＼ 種別		中継時間	停留時間	う回車数 出	う回車数 入	6時現在車 発送整備車	停泊車	緩急車	合計
一日平均	40年	6.8	40.2	373	485	198	56	24	278
	41年	6.3	35.8	352	505	213	52	22	287

新庄駅の輸送概況

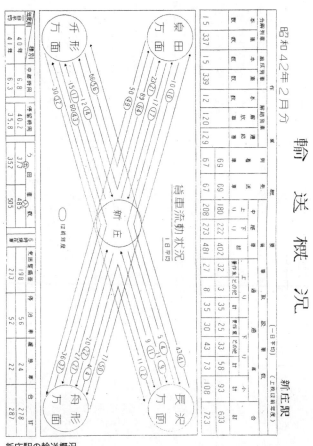

また新庄市は国鉄で働く職員の数も大きな割合を占め、「鉄道の街」の性格も強い。昭和24年（1949）に公募によって制作された新庄市民歌には、その一番の歌詞に「汽笛のひびき はつらつと 伸びる鉄路のわが郷土」と歌われているほどだ。

戦後復興期から高度経済成長期にあたる昭和20年代後半から40年代にかけて、道路の整備が不完全だった時代、鉄道は最も重要な陸上交通機関としておおいに賑わった。

旅客列車はもとより、貨物列車も現在とは比較にならないほど多数運行。現在ではローカル線になる陸羽東線や陸羽西線も、貨物輸送のルートとして活況を見せていた。

昭和42年（1967）2月の資料では、新庄駅の貨車の1日平均取扱い車数は723両。これら多量の貨車を行き先別に仕分けし、組成する作業が24時間体制で行なわれた。

新庄駅構内には、奥羽本線南（山形・福島方面）と陸羽東線へ向かう「南部操車」、奥羽本線北（横手・秋田方面）と陸羽西線へ向かう「北部操車」の2カ所の操車場が設置され、それぞれに操車室を設け職員が配置された。

構内は本線と副本線が計6本で、総延長約3・3キロであるのに対し、側線の数は南部操車が12本、北部操車が9本、その他（洗浄線や検修線など）10本の合計31本（このほかに「専用線」が3本）あった。側線の総距離は10・3キロで、いかに側線が多いかがうかがえる。

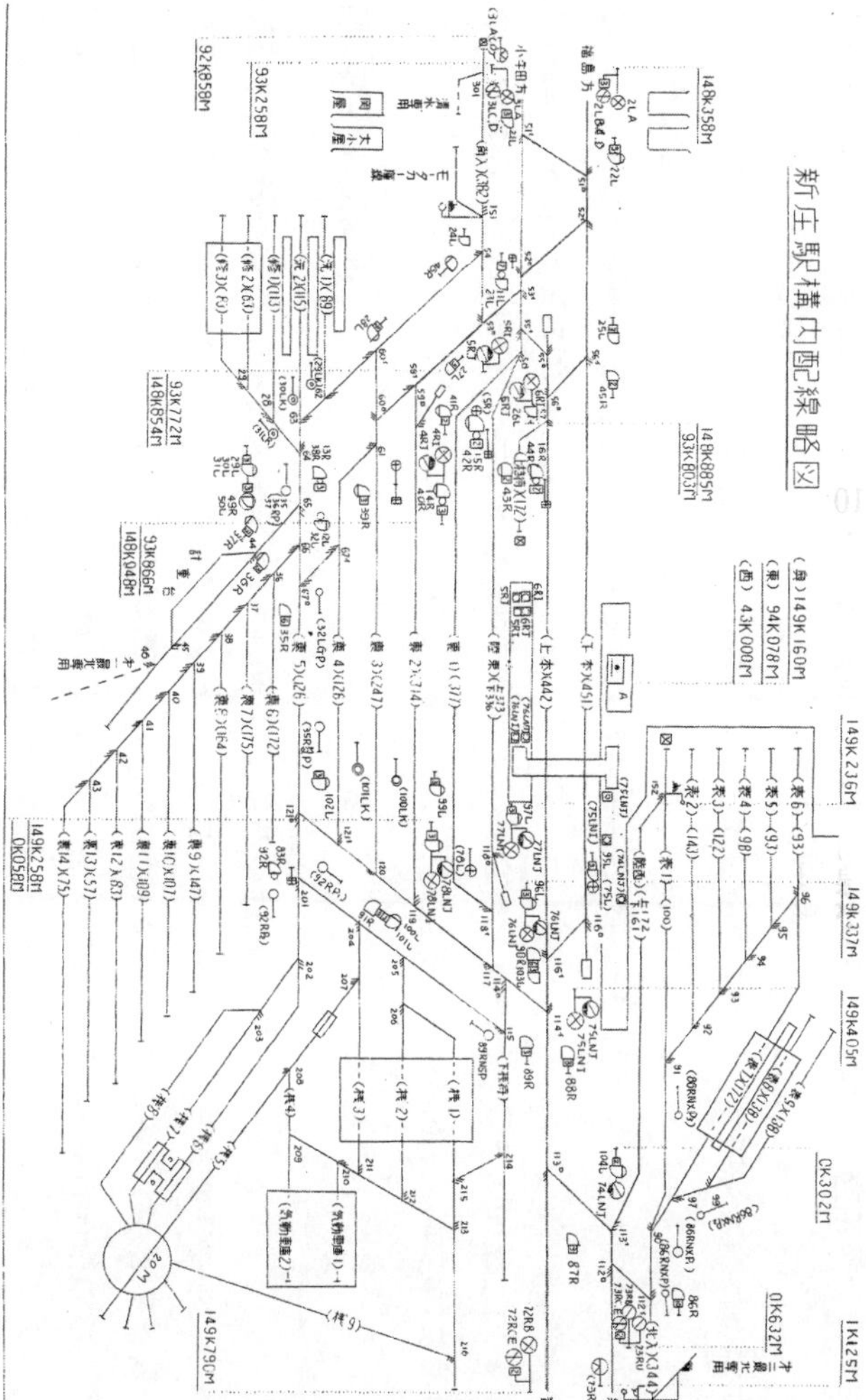

新庄駅構内の線路配線略図

そんな新庄駅での連結作業は、常に風雪に晒される厳しい仕事だった。

酷暑の日も、厳寒の日も、雨の降る日も、雪の日も、列車の運行は止まることがない。到着した貨物列車から行き先に応じて貨車を切り離し、また組成する作業は休むことなく続いた。

新庄駅構内には汽笛の音と、連結器のぶつかる音が絶え間なく響き、蒸気機関車から吐き出された煙が空を黒く染め、「スズメも黒い」とさえ言われたほどだった。

怪我からの復職

国鉄に入り2年目、連結の仕事にもようやく慣れた、昭和39年（1964）12月19日18時頃。

冬の空はとっぷりと暮れ、南部操車場を照らすヤード灯が、空からハラハラと舞い降りてくるぼたん雪を浮かび上がらせていた。

やがて、ヘッドライトの光が幾重にも分岐する操車場のレールを輝かせて、秋田方面から上り貨物列車が到着。

列車後方の20両ほどは到着線に残したまま、前方の貨車を切り離し、新庄から新たな貨車を連結するスケジュールが組まれていた。

新庄駅まで列車を牽引してきたD51形蒸気機関車は、運用を終えて悠々と機関区へ引き揚げていった。その間、指定された編成の分割箇所で列車を切り離すことができるように、解放テコで錠揚《じょうあ》げを上げ「錠控え位置」にして準備した。

ほどなくして入換え用のC58形蒸気機関車が到着。陸羽東・西線で旅客列車と貨物列車の両方を牽引するC58形が、構内の入換え作業も担当していた。

入換えの機関車は長い貨物列車の先頭へ連結。

ところが連結する時の勢いが強すぎた。解放のために持ち上げていた錠揚げが下り、施錠してしまったのだ。

入換えの機関車は、そのまま反転して引上げ線へ出発。切り離すはずの後部の貨車約20両は、機関車に引かれて動き出した。

列車の動きがゆっくりだったため、急いで解放テコを操作。間一髪で前方との切り離しに成功した。

だが、留め置くはずの後部車両が、慣性の法則に従い、動いたまま止まらない。

「このまま転動するのは危険」と一瞬にして判断、貨車の側ブレーキで止めようとしたところ、運が悪いことに気がついた。足で踏むタイプの側ブレーキが自分のいる反対側面にしか装備されていなかったのだ。

近年の車両は両側に側ブレーキを装備するようになったが、当時は片側にしか付いていない場合もあった。

今思えば、無我夢中だったのかも知れない。列車の反対側へ回ろうと考え、惰性で動き出した後部車両の先頭を横切ろうとしたのだ。まだ貨車の速度が遅かったせいもある。

しかし、この時、何かにつまずき転倒、走行する貨車に接触してしまった。

幸いにも車輪に巻き込まれることはなかったため、一命を取り留めた。貨車も暴走や脱線することなく、事故には至らなかった。

ただ、気がついたら足に大怪我を負い、身動きがとれなくなっていた。

貨車に接触した際、どこかの可動部に、左足が巻き込まれてしまったようだ。一瞬、片足を失ったかと思った……。

冬の夕暮れ時、ヤード灯に照らされているとはいえ辺りは暗い。

「おーい、おーい！」と大声を出して、救助を呼びかけた。

入換え機関車と誘導掛は列車とともに引上げ線へ去ってしまい、付近には人影が見当たらない。

少しして、幸いにも駅員が発見し駆けつけてくれた。発見が遅れたら出血多量で命がなかったかも知れないと思うとゾッとした。

大変な事態になりながらも、意外にも頭の中は冷静だった。担架に乗せられた時、駅近くの「小内《こうち》医院」に行くようにお願いしていた。小内医院はかかりつけだったのだ。院長は大石田生まれで、父のことをよく知っていた。「もっと大きな病院に運ばれていたら、足首で切断の処置をされる恐れがある」、そう思った。それほど意識がシッカリしていたのだ。

翌40年（1965）の3月いっぱいまでは小内医院に入院。この間、足を吊ったまま身動きが取れずに辛かった。3カ月半で傷は治ったが、足首や足の指が固まってしまい、動かない症状が残った。

手術の必要があったため4月に山形の鉄道病院へ移り、秋に手術した。母は新庄での入院期間も含めてずっと病院で付き添ってくれた。母は相当に心配したことだろう。

鉄道病院には約1年間入院し、治療とリハビリに専念。その後、新潟県村上市にある国鉄瀬波療養所へ入った。

療養所の所長は大の囲碁好きで、毎日のように囲碁の相手をさせられた。自分も嫌いではなかったので、喜んで対局につき合ったのも今では良い思い出だ。おかげで、囲碁の腕前がかなり上達した。

長期間の療養で多くの人に迷惑をかけてしまったが、昭和41年（1966）12月、新庄駅の駅務掛として復職。2年ぶりにようやく現場に戻ることができた。

現場での作業ではなく、運転主任助役の手伝いというのが実際の仕事。この時に書いた新庄駅の構内配線図（95ページ参照）は今も手元に残っている。ほかにも輸送概況の記録や信号、分岐器の連動図などの図面を作成して過ごした。

電信技術

昭和42年（1967）11月、秋田電務区へ異動となる。怪我の影響が残っており、事務の仕事が適当という当局の計らいがあったのだろう。

これをきっかけに電信について勉強することになり、翌年4月には東北鉄道学園電信科へ入学。ここでは電信全般と、通信システムの「テレタイプ」について学んだ。

「テレタイプ」とは、タイプライターのような形状の端末で文字を入力、電信でデータを送受信するシステムだ。日本全国に張り巡らされた国鉄の電信網を使い、全国の電務区との間で情報を送受信することができた。

キーボードの文字配列が国鉄オリジナルの、「SR型」というテレタイプが用いられていたこと

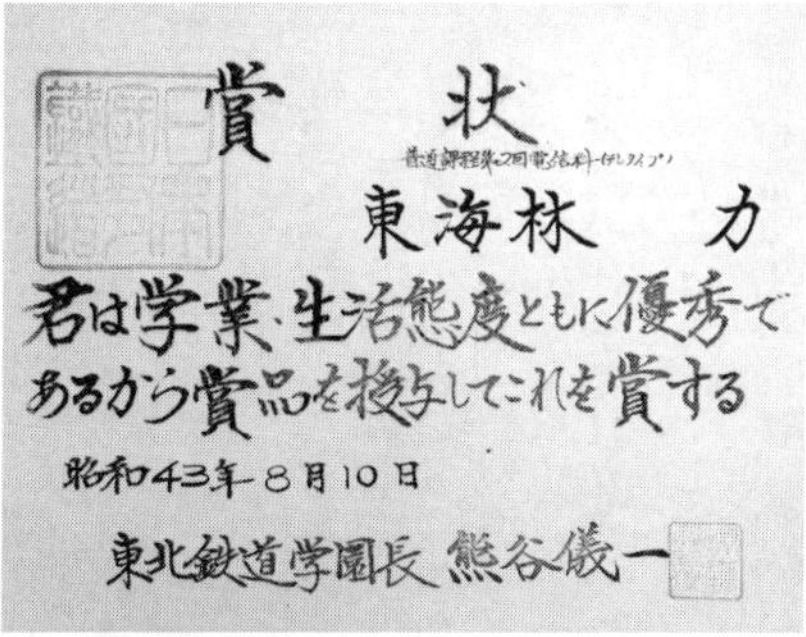

東北鉄道学園での賞状

も珍しかったのではないだろうか。

インターネットが普及した現在では当たり前のことだが、半世紀も前の当時は最先端の通信技術だったのだろう。とはいえ、当時の記録媒体は紙テープ式、「鑽孔《さんこう》テープ」と呼ばれる、幅25・４ミリの紙テープに小さな穴がうがたれて情報が記録された。穴の配列から機械で情報を読み取るのだが、ある程度の文字は目で見て読み取ることができた。

学園ではテレタイプ学科で１分間に１８０文字を打ち、最優秀生徒として学園長表彰を受けた。

鉄道学園を卒業後、昭和43年（１９６８）８月に山形電務区の電信掛として山形へ。そこは偶然にも昭和初期に父が勤めた職場だった。

電務区電信掛の現場での仕事は、テレタイプにより届いた情報を収集し整理、配信するもの。各駅の売り上げやコンテナの稼働状況などの業務情報、列車の運行状況や気象情報などが届く。必要なものは各機関に配信した。

山形に勤務していた昭和46年（１９７１）10月、福島市に住む幸子と見合い結婚した。

「『国鉄は収入も安定しているからいいよ』と親から言われた。まじめだしいい人だなと思った」と、幸子は言う。

休暇の日には、山形から福島へ会いに行った。あとになって聞いた話では、母トミエのほうが、この見合い話に一所懸命だったようだ。トミエはしばしば、幸子の家へ電話をかけていたそうだ。

結婚後は、山形市南原町《みなみはらまち》の国鉄官舎に一緒に住んだ。二軒長屋のような鉄道官舎は老朽化が激しく、「天井の向こうに空が見えたっけ……」と妻の幸子は今も笑いながら話す。

両親に「福島へ来て生活をするといい」と勧められ、秋田鉄道管理局長に嘆願書を出して福島電務区へ異動を希望した。幸子の家も福島が実家だから都合がよかった。

福島へ異動

嘆願書の希望が届き、昭和50年（1975）10月に仙台電気工事局福島電気工事所へ異動となった。

電務区の仕事ではなかったが、東北新幹線の工事が本格的になり、工事関係の職員が必要となっていたことも幸いした。

仙台電気工事局は、仙台鉄道管理局の下でなく、本社直轄の地方機関のひとつ。

その管轄下にある福島電気工事所は、仙台鉄道管理局内で福島県内の工区が受け持ち範囲。新幹線建設に関する電気工事のほか、新幹線工事に伴う在来線の改良工事（電気関係）なども担当した。

福島電気工事所で就いた仕事は事務掛。新幹線工事で使用する資材のうち、通信線、架線、架線柱、信号制御器など、電気工事に必要な資材の管理を行なった。

需要と供給や在庫のバランスを見ながら購入の手配を行なうことが重要で、資材管理は思いのほか細かな作業だった。ケーブルを例にとっても、1メートル単位で決算しなければならない。使われない資材が在庫の山となっては困るのだ。

在庫管理では、現場の倉庫などへもたびたび確認に出向いた。架線柱やLCX（新幹線の線路に沿って張られ、列車との通信が可能な漏洩同軸ケーブル）と呼ばれる通信ケーブルなど大型の資材が貨物列車で郡山操車場に届くと、実際に届いたのか、不良品はないか、現品確認のため現場へ足を運んだこともあった。

昭和57年（1982）3月には、事務掛から助役に昇進。その年の6月23日に東北新幹線が大宮〜盛岡間で暫定開業を迎えた。新白河駅ホームでの開業式には、福島電気工事所の所長に随行、式典の模様を見守った。

「東北で長い間期待された新幹線が、無事に開業できてよかった」と率直に思った。

東北新幹線の工事では管理局を越えて、名古屋、大阪、九州の門司などから作業員が大勢やってきた。普段は200人ぐらいの電気工事局が800人ほどになった。しかし、工事が終わると、職員や作業員たちは、地元や次の現場へと去っていき、多くの作業員は開業の様子を見ることはない。

それは、この仕事に就く男たちの慣わしのようだった。

管理職の手腕

昭和58年（1983）3月に秋田電気工事区へ助役として異動。電気工事関連の経理が主な任務、職員の給与や資材を管理するのも経理の重要な仕事だ。

この時期、仙台で「本社の経理課から来た監査に帳簿の不備を指摘された」という話を聞いた。帳簿の管理が不行き届きで、業務実態と支払いの記載が合致しなかったようだ。

「秋田では不備がないように」という区長の指示で、整合性のチェックに努めた。

会計上で特に指摘されたのは、職員や作業員の労働実態と給与の問題だった。現場で働く職員への仕事を指示する命令簿、実際の勤務や休暇を記録する出勤簿や年休簿など、給与は仕事内容によって支払われるので、帳簿の内容に不一致があっては問題である。

例えば、年休なのに出張扱いで旅費が支払われているような、いわゆる「カラ出張」が問題となったことも査察の厳しさが増した原因ではなかったか。もちろん、これを正当に行なうのはしごく大切なことだ。

定時での仕事が終わったのち、現場で職員の指揮を執る工事助役を招集した。工事助役一人ひとりに「年休簿」「命令簿」などの帳簿を渡し、自分が出勤簿の内容を読み上げて一つひとつチェックしていった。

確認すべき帳簿は1年分あったので、全部の確認が終わるまでに2週間ほどかかった。

後日、監査に来た事務次長が、正確な帳簿を見て高く評価してくれた。夜遅くまで時間を割いて協力してくれた現場の工事助役たちには感謝のほかない。

秋田電気工事区に勤務した時期は単身赴任で、週末になると家族のもとへ帰った。秋田と福島の間を特急「つばさ」や急行「津軽」で往復したことも良き思い出だ。

秋田を夕方に出る最終の上り「つばさ」に乗れば、福島に21時過ぎに到着できた。この「つばさ」に乗ることができればまだよかった。

最終の「つばさ」を逃すと、次は19時20分発の急行「津軽」。急行ゆえに6時間もかかり、福島到着は深夜1時半を過ぎてしまう。これには、せっかくの休みも半減した。

昭和59年（1984）3月に盛岡電気工事所を経て、同年6月には仙台電気工事局経理課会計係長になった。

仙台電気工事局は各工事所を管理する立場にあった。経理課では資金計画や各工事所での工事代金の支払い、職員の給与関係、財産関係などを管理した。

特に資金計画の場面では、仙台電気工事局での予算を、1年、半期、四半期、月ごとに仙台鉄道管理局の会計課に提出。国鉄本社ではおおかたの額は調整されている。数億という予算のなかから、実際に現場で支払うのはいくらかを計算して提出した。最終的に末端で支払われる金額は1000円単位なのだから、極めて細かく正確な計算が必要とされた。

またこの時期、赤字が指摘された地方交通線のなかに、第三セクター鉄道へ転換する路線があった。それらの路線が国鉄から引き渡される際に、信号の自動化などの工事受注があり担当したことがある。作業現場の拠点を作るために訪れた「宮古線」（現在の三陸鉄道北リアス線の一部）「盛線（同・南リアス線の一部）」や、「矢島線」（現在の由利高原鉄道）、「会津線」（現在の会津鉄道）など、今日テレビなどで目にするたびに「今も頑張っているんだな」と思う。

民営化とミニ新幹線

昭和60年（1985）からは仙台電気工事所の助役を経て、昭和61年（1986）10月に仙台電気工事局に戻り、総務課資材係長になった。

直接担当したのは、仙台電気工事局内で使用する、備品や事務用品などの消耗品、現場で使う業務用自動車の契約など、物品に関する項目の全てが範囲。

国鉄が分割民営化され、JRへ移行する時期だったため、財産の引き継ぎ関連の仕事が膨大にあり、骨が折れた。新会社に財産を移譲する際、それらは新たな会社の資産になる。このため、キッチリと正確に書類を作成する必要があったのだ。

それは、鉄道運行に関わる軌道や構築物などの大きなインフラに限ったものではない。駅や関係機関で使用する事務用品、例えば、机、椅子からロッカー、ホワイトボードに至るまで、備品の全てが当てはまるのだ。また、職員の技術向上のための直轄工事もあったので、自前の工具や電気の測定器など、高額な備品も多く、それらも財産に計上しなければならなかった。「2万円以上は備品、それ未満は消耗品」と、備品台帳と照らし合わせながら確認。不要なものは破棄しないと財産として計上されてしまうので、処分したものも多かった。

工事中の山形新幹線（東北新幹線との連絡線部分）

そうして、昭和62年（1987）4月1日、民営化を迎えた。

民営化後、盛岡工事局と仙台電気工事局が統合。土木、建築、機械、電気も全てが一緒になり、仙台工事事務所（のちの東北工事事務所）が設立された。この時は新仙台工事区の助役と、仙台電気工事区の助役、山形新幹線準備のため、山形工事区助役の3つを兼務した。

平成になると、東北地方の鉄道は大きな変革を遂げようとしていた。山形・秋田新幹線の整備により、新幹線ネットワークが拡充される計画が具体化していったのだ。

奥羽本線の福島〜山形間を標準軌に改軌し、狭軌規格の車両で新幹線軌道との直通運転を行なう、いわゆる「ミニ新幹線」方式の採用により山形新幹線が計画された（のちに新庄へ延伸）。

山形新幹線の工事関連のため、平成元年（１９８９）３月、東北工事事務所福島工事区の事務助役に異動。担当は福島～板谷間で、土木、電気など全ての資材、材料の管理を行なわなければならなかった。

現場で事務を担当する社員は、事務助役ひとりのみ。レール、マクラギ、ケーブルなどの各保管場所の在庫状況は日々変わるので、実際に把握するのに難儀した。また、新技術の採用もあった。マクラギとレールを締結する装置に「パンドロール型締結装置」を初めて採用、前例がなかったので部品需給の見当がつかず、在庫管理に手を焼いた。

山形新幹線は日本で初めて「ミニ新幹線」が採用されたことで各方面からの視察も多く、これに対応する仕事も加わった。何かと忙しい現場であった。

平成４年（１９９２）７月に山形新幹線が開業すると、平成５年（１９９３）１月には仙台にある東北工事事務所の総務課へ異動。秋田新幹線工事の仕事に就いた。ここでも資材の在庫チェックや工事区の設置が主な仕事。工事区への事務用品の運び入れ、詰所や休憩所の設置、資材の監査立ち会いなど、沿線の現場への出張も多かった。

秋田新幹線の仕事では、数百億円という資材を購入したが、余剰となったのはわずか１パーセント未満。極めて優秀な数字で、周囲に「奇跡」と言われたほどだった。

平成10年（１９９８）３月、東北工事事務所管内各所の現場に置かれた事務担当助役を仙台に集約、一括管理する「事務センター」が仙台工事区に設立されたが、そのセンター長に任命された。広範囲にわたる事務の仕事を背負う、重要な仕事を経験した。

平成11年（１９９９）４月からは、同所総務課助役として、ＪＲ東日本の関連会社である日本電設工業の福島営業所に出向。ここでは、事務作業のＩＴ化に努めた。

書類作成の作業にパソコンを導入し、それまで手書きで行なっていた書類作成を、表計算ソフトウェアやワープロソフトウェアをツールとするように変えた。

23歳の頃、仙台の鉄道学園で習得した「テレタイプ」の技術が、ここで再び役立つとは思いもしなかった。おかげで、パソコンのキーボード操作もお手のものだった。

出向先で事務作業のＩＴ化も難なく終え、平成16年（２００４）３月31日に退職した。

感謝の気持ち

退職後しばらくして、秋田への旅行で秋田新幹線「こまち」に乗った。

盛岡駅から連絡線のスロープを下ると、「こまち」は田園地帯を駆け抜ける。右手には岩手山の

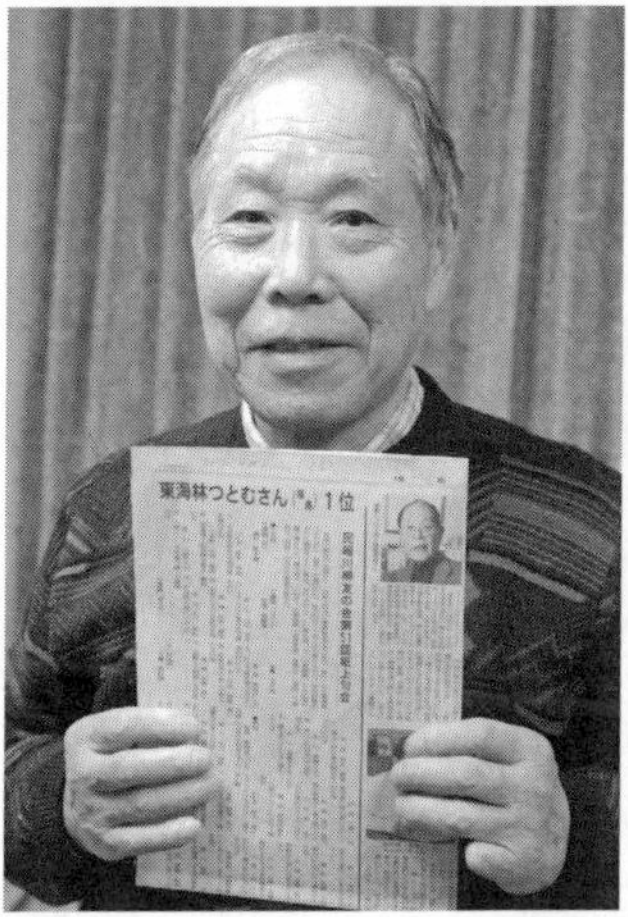

退職後、自宅にて

優美な山容が陽光を受けて佇んでいた。

そんな風景を楽しんでいる時、かつて本人が工事に携わった現場が、一瞬のうちに車窓をかすめ去った。

「そういえば、ここにはマクラギが山になっていたなぁ……チェックのため、よく足を運んだものだ」

ふと、車内に旅を楽しむ人々の笑い声を聞いた。

テレビコマーシャルで「地図に残る仕事」というキャッチコピーを見たことがあった。

自分が携わった現場が、こうして人々の役に立っていることを思うと、わずかでも、仕事を地図に刻むことができたのではと感じた。

若い頃に不慮の怪我を負ってしまったが、2年間の療養を経て復職した時、周囲の人々のなかで、嫌なことを言う人は誰もいなかったと、当時を振りかえる。

国鉄はつくづく懐の深い組織だった。小さな存在の私を家族のように扱ってくれ、決して見捨てられることもなく、多くの人々の親切に支えられてきた。

本当にありがたく思っている。

列車編成を力強く牽引する蒸気機関車の動輪

第5章

鉄道少年の頃——萌芽

幼少期

昭和43年（1968）5月6日、米屋覚三、俊子の次男として山形県天童市に誕生した。名前は浩二と命名。出生時の体重は2900グラムだった。

物心つく以前、自分は鉄道に対して興味があったのか？　当然ながら、そんな疑問が湧き上がってくる。

母の話では「駅に連れて行き、汽車（鉄道車両）を見ると泣きやんだ」という。しかし、男の子ならば、誰でもそのような反応をするのではないだろうか。「鉄道好き」の本質が自分のどこかに刻まれていたとしても、それが表面化するには、何かのきっかけや刺激が必要で、それまでは鉄道に対する思い入れもない、普通の子どもだったようだ。

引っ込み思案な性格……。幼い頃をそう自己分析している。

家族は父母のほか、兄と祖母の5人で暮らしていた。

4歳年上の兄はさまざまな意味で優等生だった。

例えば、親戚が大勢集まると、大人たちがさまざまな質問を浴びせかけてくる。そんな時は、兄が上手に答えた。

「浩二君は？」と同じことを聞かれた時、自分はそんなに上手に答えられない。4歳も違うのだから、兄のように返答できなくて当然だろうと思うが、どこかにコンプレックスを抱いていた。

また「兄の陰に隠れて、兄任せにしていれば楽だ」と無意識に判断し、人と対面することをサボってしまったようだ。

それが全ての原因ではないと思うが、人前に出たり、激しく目立ったりすることを好まない、どちらかといえば内気な性格になった。

しかし、内気な一方で無謀な行動を起こし、しばしば怪我をした。

高い塀から飛び降りて、股関節を脱臼したり、兄に肩車をせがんだあげく、肩から真っ逆さまに落下し、何か固い物に頭部をぶつけて血が噴き出して大騒ぎになったり……。

幼稚園の頃、お祭りの帰り道だったと思う。

「目をつむって走ると、どうなるんだろう」と思い、目を閉じたまま夜道を全力疾走して、気がついたらドブに落ちていたことがあった。

市内の倉掛医院という外科医院がかかりつけで、数年に1度は何針か縫うような怪我をしてお世話になった。慎重そうに見えて、かなり無鉄砲な一面もある。昔からどこかのネジが緩んでいたのかも知れない。

また幼少時代より収集癖が強かった。小スケールのミニカー「トミカ」や、マジンガーZの「ジャンボマシンダー」と呼ばれる大型人形にハマった。

マジンガーZの武器を全て集めると、収納する専用トランクがもらえるという特典もあった。これを全て揃え、トランクをゲットしたのだから相当なものだ。

小学生にアルバイトなどできるわけがない。両親が共稼ぎだったので、子どもに玩具を買い与える余裕があったのだろう。今思えば、好きなものを気の済むまで買い与えてくれた親に感謝のほかない。

鉄道愛好家やあるいは写真家にしても、収集を好む人が多いようだ。「三つ子の魂百まで」というが、どこかでリンクしている気がする。不思議なものだ。

また、当時夢中になって見ていたテレビドラマ『日本沈没』のことも忘れられない。テレビでの放送は昭和49年（1974）から翌50年というから、幼稚園年長から小学1年生の頃になる。

番組のテーマソング『明日の愛』を、今も口ずさめるほど毎回見ていた。最近インターネット動画でこの歌を視聴し、涙が出るほど懐かしかった。歌っていたのが五木ひろしだったということも初めて知った。

ドラマの内容は、日本列島が地震で沈むというシリアスなものだったが、困難に立ち向かう大人たちが、子どもながらに格好良く見えた。

主要な登場人物の地球物理学者、田所博士が特に好きだった。

小学校2年生の時、将来の夢は？　という宿題が出され、「地球物理学者になりたい」と書いた記憶がある。「南極の氷の厚さを調べたり、砂漠の大きさを調べたりしたい」と。テレビドラマの受け売りとはいえ、なかなかアカデミックな小学2年生ではないだろうか。

大人になった今では、鉄道を追って世界各地を回るようになったのだから、少なからず子ども時代の夢が叶っているのかも知れない。

転校生

昭和52年（1977）、小学校3年生の時、秋田県大館市からT君という男の子が転校して来た。

彼の父親は国鉄職員、天童駅の助役に着任し、家族で天童駅前の官舎に引っ越してきたのだ。

クラスは違っていたが、天童駅の売店に勤務する母と、彼の父とは同じ天童駅という職場のため、T君とはすぐに仲良くなった。

小学校4年生になると、今度はT君と同じクラスになった。仲良し度が深まったのは言うまで

T君と伯父の働く新庄機関区を訪ねた筆者（左）
昭和56年（1981）頃

もない。毎日のように一緒に遊んだのはもちろん、スキーや旅行にも連れて行ってもらった。

明るい性格でスポーツ万能。活発なT君に、僕は自分にはない魅力を感じていたのかも知れない。

そして、そんなT君に、その後の人生を左右するような大きな影響を受けた。

それが「鉄道趣味」だった。

彼は父親が本職だけあって、鉄道に関してもいろいろなことを知っていた。また、雑誌の懸賞で当たったというＨＯゲージの鉄道模型、オレンジ色の１０１系を所有しており、これを初めて見た時にはじつに羨ましかった。

もし、T君と出会わなければ、今ここに僕はいなかったと思う。

そんなT君が、ある日「最高の列車を考えた！」と、ノートを見せてくれた。

そのノートには「はつかり・なは・ブルー・富士」というヘッドマークが、マジックインキで描かれていた。自分の好きな列車を一堂に集めて、ひとつの列車にしたというのだ。考案したヘッドマークには「はつかり」「なは」「富士」のヘッドマークにあるイラストがバランスよく配置されていた。

ブルートレインを表す「ブルー」だけは、子どもながらに少し疑問もあったが、今思えばそれだけ発想が柔軟だったのだろう。

さらに聞けば、走行区間は日本一周という。今流行のクルーズトレインのような発想を、小学5年生の時に考えていたのだから驚く。同じ年齢でそれをバーンと目の前に見せつけられた僕は驚愕せずにはいられなかった。

この昭和55年（１９８０）頃、日本全国の少年たちを巻き込んだ「ブルートレインブーム」があった。

国鉄は昭和53年（１９７８）10月のダイヤ改正から、電車特急のヘッドマークを「絵入りマーク」にした。それぞれの列車愛称名をイメージしたイラストデザインは楽しく、その後、ブルートレインのテールマークが絵入りになるなど、鉄道の人気が広まる要因になったと思われる。

当時のブルートレインブームの主役は東京から東海道本線、山陽本線を経由し九州を結ぶ寝台特急群だった。

「さくら」「はやぶさ」「みずほ」「富士」「あさかぜ」が5大スターともいえた。

「はやぶさ」「富士」「あさかぜ」には、オロネ25形という、1車両に14室しかないA寝台個室の車両が編成に組み込まれているとのこと。寝台車にすら乗ったことのない僕にとって、それらのブルートレインは遠い憧れの的であった。

そんななか、奥羽本線を通り、我が地元の天童駅を通過する「あけぼの」というブルートレインが存在することを知った。

当時の寝台特急「あけぼの」は、奥羽本線の秋田以南を走る唯一のブルートレインだった。

「本物のブルートレインが颯爽と走る姿をこの目で見てみたい」

そう思って時刻表を見ると、青森や秋田から奥羽本線を経由して上野を結ぶ「あけぼの」は2往復運転されていることが分かった。しかし、全てが天童駅に停車するわけではない。

「あけぼの」という列車は青森県や秋田県の利用者に対して便利な時間帯に設定されているので、その南に位置する天童駅は上下の列車ともに、深夜時間帯の通過となっていた。ただ唯一、下り「あけぼの3号」のみ、早朝、山形駅に停車した。山形駅の発車時刻は午前3時59分。他の列車の所要時間から計算し、天童の通過時刻は同4時10分頃と割り出した。

見に行くなら「あけぼの3号」だ。すぐにそのことをT君に話した。

「『あけぼの』見さ行がねが⁉（見に行かないか⁉）」

夏休みが始まったばかりの７月下旬、午前４時に天童駅北方、交《まじ》り江《え》という場所にあるガード付近でＴ君と待ち合わせた。

待ち望んだその日、家を出ると辺りはまだ薄暗く、空には星が瞬いていた。

交り江のガードに着くと、Ｔ君もやって来た。

時刻は４時をまわって、列車の来るのを待つばかり。東の空が刻一刻と明るさを増してきた。

やがて天童駅のある南の方角から、かすかに列車の音が響く。その音が大きくなるとともに、ヘッドライトが照らす光芒がグングンと迫ってきた。

機関車の唸る音とともに赤い電気機関車が通過すると、それに続くように、これまで見たこともないような丸く、そして濃いブルーの車体が次々と目の前を通り過ぎて行く。

その迫力に圧倒されつつも、この目でしっかり見てやろうと、必死で列車を目で追った。窓は四隅にカーブがついて、行き先表示もこれまで見たことがない、丸い形状をしていた。全体的に曲線で構成された優美なデザインの客車は、20系と呼ばれる日本初の寝台特急用固定編成客車だとのちに知った。

列車の最後には電源車のディーゼルエンジンが低く唸り、２つのテールライトとホームベースを横長にしたような五角形のテールマークが光っていた。薄紅色に青い文字で「あけぼの」と書かれたテールマークを最後に、ブルートレイン「あけぼの」は、朝靄煙る線路の彼方へ溶け込むように走り去って行った。

何かに打たれるとは、こういうことなのかも知れない。列車が走り去ったあと、激しい高揚感のまま立ちすくんでいた。身体の中に、得体の知れない熱いものが残った。

それからも、何度か「ただ列車を見る」ために、線路の近くへ行った。まだカメラは手にしていなかった。

その年の冬に目撃した、幻想的なシーンも忘れられない。

山形の冬は、時に一日中空が低く、グレーの雲から絶え間なく雪が降り続いた。その日、雪の降り方は半端なものではなかった。

学校から帰宅後、T君と「そろばん教室」に行く約束をしていた。僕はそろばん教室があまり好きではなかったが、彼が一緒だったのが唯一の救いだった。

家に迎えに行くと「『つばさ』が駅で立ち往生してんだず」とT君。

「そろそろ発車するのんねが（発車するのでないか）」

上野と秋田を結ぶ特急「つばさ」は、奥羽本線の優等列車、天童駅には停車するがいつもは30

秒ほど。それが駅に停まったままなのだという。

僕たちは、そろばん教室のことなどそっちのけで「つばさ」の発車を見守ることにした。駅の北側の空き地に陣どり、寒さに足の先を凍えさせ、鼻水垂らして、ただ発車の瞬間を待った。駅で立ち往生する「つばさ」の発車を見送ることに、はたして何の意味や価値があるのか？今思えばバカバカしい気もするが、当時は真剣だったのだ。

どれくらい待ったことだろう。さすがにそろばん教室のことが気になってきた。そろばん教室の先生の、僕らを睨んだ怖い顔が目に浮かんだ。

「そろそろ行がねが」と僕。

そして寒さも不安も限界に達した時、全く変化を見せなかった駅北側の線路端の風景に変化が訪れた。

辺りは夕暮れが迫り、一面の雪原が青くなっていた。いつの間にか降る雪も弱まり、ブルーの光の中、点灯した3条のヘッドライトがひと筋の束となり、凍てついた線路の彼方を照らしたのだ。

「発車すっぞ！」

僕たちは息を呑んだ。列車の前照灯はハイビームとなり、光の輪が緩やかに舞い降りる雪を、舞台を照らすスポットライトのように浮かび上がらせた。

特急「つばさ」は、屋根はもちろん、窓や足回りに雪を付着させ、全身が凍れる鉄の塊となりながら、ゆっくりと滑るように動き出した。そして次の瞬間「バリッ、バリバリバリッ」という大音響とともに、青白い火花が連続的にひらめいた。

その光景はあたかも雪原に打ち上げられた花火のようだった。その光と音に圧倒された。

特急「つばさ」は電気で動く〝電車〟である。電車は屋根上のパンタグラフを用い、架線から集電してモーターを動かして走る。この日列車が止まり、長時間使用しない間に、架線に付着した雪が氷となった。このため架線とパンタグラフの接触が不完全になって、盛大にスパークが発生したのだ。

12両編成の「つばさ」に備わる4基のパンタグラフが通り過ぎるたびに、バチバチともの凄いスパークが辺りを照らした。

雪と闘う鉄道の逞しさに加え、閃光の眩しさを浴び、「あけぼの」の時と同じく、熱いものが身体に流れたのを感じていた。

列車の旅

奥羽本線の起点駅でもある福島には、母方の両親が住んでいた。母方の祖母のことを「福島のばあちゃん」と呼び、我が家は盆・正月や春休みになると、福島のばあちゃん宅へ遊びに行くのが恒例行事だった。

いつもは父の運転するクルマで、山形県を南北に縦断する国道13号を通り2～3時間かけて行ったが、昭和55年（1980）の小学6年生の夏休み、どうしても列車に乗りたくて親に懇願した。それも、特急や急行列車ではなく「普通列車で行きたい」と。

理由は米沢から福島の間、板谷峠にあるスイッチバックを体験したかったからだ。スイッチバックにはさまざまなスタイルがある。奥羽本線の場合は、勾配の連続する山岳区間で、本線から離れた平坦な場所に駅を設置し、本線から分岐した折返し線で結ぶスタイル。

奥羽本線の福島～米沢間では赤岩、板谷、峠、大沢の4駅が連続してこのタイプのスイッチバック駅。列車が駅に出入りする際には、本線から折返し線に入るため、前進・後退を繰り返すという独特の運転がなされていた。

板谷峠越えの同区間は33パーミル（部分的には38パーミル）と、信越本線横川～軽井沢間の碓《う》氷《すい》峠越え66・7パーミルにはおよばないが、国鉄でも有数の勾配の厳しい区間だった。

天童から奥羽本線で福島へ向かう場合には、必ずこの板谷峠を通る。しかし、特急や急行列車はスイッチバックの駅に停車しないので、これを体験することはできず、各駅に停車する普通列

板谷峠に挑む奥羽本線の普通列車

車でしか味わうことができなかった。

幸い天童駅を15時過ぎに発車する普通430列車は福島が終点で、福島に18時30分に到着。途中の山形や米沢で乗り換える必要がない。特急列車ならば2時間のところ、この430列車は倍近い時間をかけて走った。

列車は米沢の次、関根を出るといよいよ板谷峠越えの区間へ入る。山あいへ分け入るように、谷間を遡って行った。

この当時、奥羽本線の普通列車は戦前や終戦後に製造された旧型客車が主に使用されていた。車両には冷房などなく、夏場は窓全開で走るのだが、開け放した窓から涼しい山の空気が入ってくる。

峠駅では「ちからー、ちからー」と、名物「峠の力餅」を売りに来た。これは待ち構えて購入。

車掌さんが来たので、「ひとつ、どうですか?」とドキドキしながら差し出すと、「おお、懐かしい味だね」と言って、美味しそうに食べてくれたのが嬉しかった。

トンネルに反響する電気機関車のモーター音、汽笛の響き、スイッチバックの時、いくつものポイントを渡る車輪の奏でる複雑なジョイント音。太陽が西に傾き、ヒンヤリとした空気が開けた窓から入ってくる。山あいのどこか寂しい夕景が胸に響きたまらない！　と、少しませた小学生だった。

一つひとつの風景を胸に刻むように味わい、峠越えの旅を終えた。福島へ到着した時にはすっかり列車の旅の虜《とりこ》となっていたようだ。

それ以来、列車旅への思いは募るばかりだったが、さらに〝重症化〟するような出来事が、その年の冬に起きた。

年の瀬も迫った12月のある日曜日、スキーから帰り、夜コタツの中でゴロゴロしていると、じわじわと腹部に痛みを感じた。気分も悪く、熱も出てきたので風邪だろうと思った。

翌日かかりつけの内科医へ行くと、「風邪です」と診断。

処方された薬を飲み続けても治らない。それどころか、症状がますます悪化するばかり。熱も40度近い高熱で、本人は苦しくて朦朧としているだけだが、親が「これはおかしい」と思ったらしく、もう一度同じ内科医に連れて行ってくれた。

「盲腸炎です。至急手術の必要があります」と言われ、直ちに近くの執刀ができる病院へ移された。

結局、緊急手術の手配となった。すでに命にかかわるほど危険な状態だったようだが、さらに悪い行ないを知らずにやってしまった。

控室のベッドで横になっている時、のどの渇きを覚えて、2回ほど自力で水を飲みに行った。これがいけなかった。すでに化膿して破れていた盲腸から飲んだ水が流れ出し、腹膜炎を起こしてしまったのだ。

そんな自業自得もあり、盲腸手術としてはかなり時間がかかったが無事に成功した。「あと1日遅かったら、命がなかったかも知れない」とあとで医師に言われた。あの時、病気で絶命していたかと思うと、今も変な気分になる。

何はともあれ、術後は人生初の入院生活が始まった。入院生活は退屈で、読書以外に楽しみがない。

この時に読んだ本が、種村直樹さんの監修した『国鉄2万キロの旅』(廣済堂出版刊)。執筆は辻聡さんと松尾定行さん。病室の中で、まだ見ぬ日本全国の鉄道や、窓から見える風景、列車の姿に思いを馳せた。

病床で愛読した本の監修者である種村さん、著者の松尾さんと、のちに仕事でご一緒できるなど、この時は想像すらできなかった。また、愛読してやまなかった宮脇俊三さんとも、カメラマンになってから取材に同行させていただいた。縁とは不思議なものだと思う。

読んだ本の影響もあり、２週間の入院生活は、さらに列車の旅へ思いが募る結果となり、春休みに友人たちと列車に乗る計画を企てた。

メンバーはT君に加え、F君との３名。F君は福島からの転校生で、やはり地元の友人たちとは違う雰囲気を持っていた。

春休みの旅は、「福島のばあちゃん宅」をベースに、

福島6：31→（１２４レ）→7：48郡山7：59→（７２６レ）→10：25平（現・いわき）11：03→（２１１Ｍ急行「もりおか１号」）→13：23仙台13：43→（４３１Ｍ）→14：00利府14：35→（４３２Ｍ）→14：52仙台15：28→（８２９Ｄ）→17：13羽前千歳17：57→（４４９レ）→18：08天童のルートで実行。

特に磐越東線では、朝１本のみの旧型客車による列車を選んで乗車することができた。

カメラと「青春18きっぷ」

小学校を卒業し、昭和56年（1981）に天童市内の市立中学校に入学。僕を「鉄道趣味」の世界に導いてくれたT君は、父親の山形駅転勤とともに山形へ。F君は遠く宇都宮へと引っ越していった。

2人とも小学校の時、天童に来た転校生だった。どこか違う土地の風を吹かせてくれる彼らに、僕は憧れたのだと思う。しかし、そんな彼らは、また数年でよそへ引っ越して行く運命だった。一緒に列車の旅をするほど、仲良しだった友人たちと離れてしまうのは、すごく寂しかった記憶がある。

そんなこともあって、T君と、宇都宮へF君を訪ねてみようということになった。

当時は近年と違い、土曜日も半日の授業があった。この年の10月は体育の日（当時は10月10日）が土曜日で、週末が連休になった。この連休を使って出かけようというものだ。

連休前日、10月9日の金曜日。学校を終えた夕方、T君と山形から特急「やまばと6号」に乗り、一路宇都宮を目指した。夕食は初めての食堂車でカレーを食べるなどして、無事に宇都宮へ到着。また、この旅では「オリンパスOM10」という一眼レフカメラを携行した。写真撮影につ

初めて撮った写真　急行「月山」　昭和54年（1979）

いても、次第にのめり込んでいく最中だった。
話は再び小学生時代に戻ってしまうが、初めて写真を撮った時のことは今でもよく覚えている。小学校４年生の頃で、場所は芭蕉の「奥の細道」でも有名な「山寺」。
父が持っていたカメラを借りて、目の前にいた父を撮影した。背の低い子どもの僕に合わせるように、父が屈んだ姿勢でカメラを覗き込んだ姿が、ファインダー越しに見えたのを、鮮明に覚えている。
その時、家にあったカメラはいわゆるハーフサイズのカメラで、ミノルタの「レポ（repo）」という機種だった。ハーフサイズは35ミリサイズのフィルムを半分のフレームにして使用するもの。一般的なカメラは普通に構えると横位置で撮れるが、ハーフのカメラは縦位置になった。24枚撮りフィルムで倍の48枚写すことができ「お得だ」と、昭和30年代に流行した。

その後になって、このカメラ「repo」を持ち出し、自分の意思で初めて撮った写真は、やはり鉄道のある風景だった。

小学校5年生、昭和54年（1979）の晩秋〜初冬頃。天童市を貫流する倉津川の鉄橋を渡る、急行用のキハ28形ディーゼルカーを撮った写真が最初だった。

その次のコマに写っているのが、上り特急「つばさ」であることから推測すると、おそらく急行「月山4号」なのだろう。急行「月山4号」は、羽越本線の酒田・鼠ケ関《ねずがせき》から陸羽西線を経由し、新庄から奥羽本線を南下、酒田発の車両は山形まで、鼠ケ関からのものは仙山線に乗り入れて仙台までを結ぶ列車だった。

その写真には、列車の背景に寒そうな表情の空が写っているが、それを写そうとしたわけではなかったと記憶する。

ただ単に「列車を撮りたい」。

それ以外に理由が見当たらない。ピントは合っていたが、シャッターのタイミングも、構図も全く考えられていない。僕にとっては貴重な1枚だが、他人にとっては何の意味もなさない写真だろう。

被写体のブルートレインが流れた失敗写真　昭和55年（1980）

翌年の初夏には、前年の早朝に線路端で見て感銘を受けた「あけぼの」の撮影にチャレンジ。使用カメラは、ミノルタ「repo」ではなく、父が使っていた35ミリ判サイズの「Aires 35ⅢS」（アイレス）という、レンズ固定式のレンジファインダーカメラ。

撮影から数日後、現像依頼したカメラ店さんに、仕上がりを受け取りに行った。ドキドキしながら封筒を開けると、写真は大失敗。走っている列車の像が流れて青い筋になっていた。

どうやらカメラが故障していたようだ。

試しに空シャッターを切ってみると、シャッター速度を1／500秒にセットしているのに「カッシャーン」とスローに切れる。約1秒の露光時間。これでは走っている列車が筋になって流れてしまうのは当然だ。

これをきっかけに「我が家も一眼レフカメラを買うべ」ということになった。

そういえば、一眼レフカメラのファインダーを初めて覗いた時のことも忘れられない。手にしたのは、T君の父親が所有するカメラ。国鉄時代に流行した「ミステリー列車」に誘われ、乗車した時。おそらく小学校5年生の頃だったと思う。

ミステリー列車の終点は、磐越西線の磐梯熱海駅で、到着後に記念写真を撮ることになった。列車をバックにT君親子を撮影。

「ここを回すとピントが合うから」と説明を受け、ファインダーを覗いてピントリングを回す。すると、全体にぼやけていた像がきれいにピントを結び、T君親子が見事に浮かび上がった。

しかし、そのままピントリングを回していると、行き過ぎるのか、またぼやけてしまう。再び戻すと結像。これを繰り返し、ようやくシャッターを押した。「なかなか難しいな」と思った記憶があるが、そうこうして、苦労しながらも、ファインダーで結像した映像の美しいこと！

あの感動の一眼レフカメラが我が家にも来る……。

この時に購入したのは、オリンパス社製の「OM10」という機種。当時、オリンパス一眼レフカメラのラインアップのなかではいちばん安い機種だったが、それでも十二分に嬉しかった。

この時代、各カメラメーカーでは国内外向けに安価な一眼レフカメラをこぞって開発、発売した。

カメラ店からカタログをもらってきて、これらの廉価版カメラを比較検討した。「キヤノンＡＶ—１」「ニコンＥＭ」「ミノルタＸ—７」「ペンタックスＭＶ１」など、各メーカーの機種が候補に挙がったが、最終的に購入したのは「オリンパスＯＭ10」だった。

決め手となったのは、別売りの「マニュアルアダプター」を付ければマニュアルモードが使えるということ。

他のカメラは撮影モードが「絞り優先オート」のみだったが、動きの速い鉄道を撮影するには、同じオートでも、絞り優先ではなく、シャッター速度を任意に設定できる「シャッター速度優先」が好ましい。各社から発売された廉価版の一眼レフカメラの中で、この問題を解消してくれた当時唯一の機種が、マニュアルアダプターでシャッター速度を設定できる、「オリンパスＯＭ10」だった。

「ＯＭ10」は、標準レンズ50ミリＦ１・８が付いて５万円ほどの値段。家庭用に購入したはずが、両親は全く使おうとしない。すっかり僕のものになってしまった。おそらく親も最初から僕のために買ってくれたのだと、のちに思った。

一眼レフカメラの購入で、写真への興味もさらに深く、大きくなっていった。

加えて「鉄道の旅」への興味にも火に油を注ぐような、魅惑のきっぷが、中学１年から２年になる昭和57年（1982）の春休みに誕生した。

「青春18きっぷ」である。

誕生当時は「青春18のびのびきっぷ」という名称だった。

日本全国の国鉄線を普通列車と快速列車に限り、一日中無制限で乗車可能なきっぷが1枚2000円、4枚綴りで計8000円という値段。このうち4枚目が2日間有効という大サービス。わずか8000円で5日間も列車に好きなだけ乗ることができたのだ。

青春18のびのびきっぷ

とにかく、列車に乗っているだけで幸せだったので、このきっぷの誕生は夢のようだった。このきっぷを利用しない手はないと、さっそく相棒のT君、F君と計画を練った。念のため、両親とクラス担任の教師に旅行許可の承認証をもらって携行した。

こうして、昭和57年（1982）3月30日から4月4日まで、途中に箱根観光を入れた5泊6日の大旅行を敢行。行程は以下のとおり。

◎昭和57年3月30日の行程

福島9：03→（128レ）→12：55黒磯12：58→（584M）→13：45宝積寺《ほうしゃくじ》13：48→（32

９Ｄ）→14：22烏山14：30＝（国鉄バス）＝15：17茂木《もてぎ》15：35→（８３４Ｄ）→17：08小山17：42→（６２２Ｍ）→18：56上野→（山手線）→東京18：59→（８５１Ｍ）→20：31鴨宮（泊）

（３月31日は箱根観光）

◎**昭和57年４月１日の行程**

国府津７：07→（６２９Ｍ）→８：43沼津８：56→（４３７Ｍ）→11：08浜松11：15→（３１２５Ｍ）→11：52豊橋12：35→（１２２３Ｍ）→13：46三河大野13：47→（６４４Ｍ）→13：56長篠城15：05→（１２２５Ｍ）→21：22辰野22：17→（４４２Ｍ）→３：47立川（車中泊）

＊１２２３Ｍの長篠城でＦ君が列車に乗り遅れ、迎えに行ったため足止め。

◎**昭和57年４月２日の行程**

→３：47立川４：48→（青梅線普通電車）→５：55青梅→（青梅線普通電車）→拝島７：12→（２２５Ｄ）→９：32高崎９：49→（３２１レ）→11：23小諸11：54→（２３６Ｄ）→14：33小淵沢15：05→（４３１Ｍ）→19：08篠ノ井19：29→（３２５Ｍ）→19：40戸倉（泊）

◎昭和57年4月3日の行程

戸倉7：39→（1332M）→8：18小諸9：06→（339M）→10：07長野10：33→（137D）→13：35越後川口13：39→（728M）→13：50小出14：23→（725M）→14：53宮内14：56→（1336M）→14：59前川15：12→（1337M）→15：21長岡16：14→（445M）→16：41東三条17：02→（248D）→17：24吉田18：32→（153D）→19：24新潟（泊）

＊前川で米屋が乗り間違えたと錯覚して下車。他の2人は柏崎回りで越後線に乗車、吉田で合流。

◎昭和57年4月4日の行程

新潟7：23→（835D）→10：43あつみ温泉11：45→（225D）→12：53余目12：56→（128D）→13：54新庄14：30→（3738D）→17：17小牛田《こごた》17：22→（42レ）→18：34仙台18：54→（833レ）→20：41羽前千歳20：43→（1429レ）→21：00天童

3月30日の烏山～茂木間の国鉄バスによるショートカットは、本で読んで知識を得ていた。当時は「青春18きっぷ」で国鉄バスも利用することができたのだ。また、4月1日、3日とトラブルに見舞われた時、すかさず予定変更できたのは、我ながらよくできたと思う。

旅の予定を立てる時もそうだが、トラブルが起きた瞬間も時刻表を読みこなす術が鍛えられていった。時刻表は「読む」ものなのだ。

「青春18きっぷ」の存在は「時刻表を読む」楽しさも教えてくれた。

憧れの電気機関士

中学2年のある日、将来の進路を書く宿題が出た。プリントには「希望する職種で実際に働く人の話を聞こう」という欄があった。

希望する職業の欄に、僕は迷わず「国鉄」と書いた。

国鉄の機関区に就職し、電気機関車の運転をしたいと、真剣に思っていたのだ。

列車の先頭に立つ機関車はとにかくカッコイイ。電気機関車はノッチ板と呼ばれる弓状の鉄板にいくつも刻まれた溝に合わせてレバーを刻んでゆく。複雑な運転台の装備に囲まれているというだけで、憧れの仕事だった。

そんな折、学校の図書館で借りた『ばく進の記録・蒸気機関車』（日本放送出版協会刊）という書籍に掲載された、檀上完爾氏の「親子機関士」という物語に激しく心を打たれた。

運転技術に卓越したベテラン機関士の父親と、ようやく機関士になった息子が主人公。

重い貨物列車や勾配の険しい山岳路線などで、本務機関車のほかに補助機関車を用いて、2両以上で運用することを「重連運転」と呼ぶ。ある日、補助機関車に乗り込んだ父。その本務機関車の機関士はほかでもない息子だった。

息子の運転技術はまだまだ半人前だろうと高をくくっていた。ところが、列車が下り勾配に入ると、補助機関車のブレーキ圧を示す計器がある目盛りでピタリと止まった。

それはあの大きな鉄の塊のような機関車の中で、針の穴ほどの感覚で弁の調節をすることで成し遂げられる「補給制動」という、運転技術だったのだ（実際の現場では安全に問題があるとして禁止されていた）。

山登りと一緒で、列車の運転も上るより下るほうが難しい。列車の先頭で機関士が扱うブレーキ操作ひとつで、列車の乗り心地が良くも悪くもなる。補給制動の技術は、下り勾配で列車が滑らかに運転できるように編み出された、高度な運転技術だった。

そんな神業に近い運転をやってのけた息子の成長に、父は感涙し計器が涙で濡れた、と物語は締めくくられていた。その物語を読んで感銘を受けた。

僕の伯父である福田定次さんは、新庄機関区に勤務する機関士（運転士）だった。ある日の夜、宿題の件で福田さんに電話をした。かなり緊張した記憶がある。その時の言葉が忘れられない。

福田定次さん・洋子さん夫妻

「後ろにいる多くのお客さんの命が、自分の腕一本にかかっているんだよ」

今でも福田さんの声が、耳のそばに聞こえてくるようだ。

福田さんは、僕の母の姉、東海林洋子の夫である。

東海林家の長女である洋子さんも、やはり国鉄に勤めていた。

洋子さんは昭和10年（１９３５）１月生まれ、昭和28年（１９５３）９月、新庄駅の電務区に臨時採用され、電話交換手として昭和43年（１９６８）３月31日まで働いた。鉄道電話の接続が主な仕事だった。電話交換の職場は常時４人が勤務し、夜勤もあったという。

夫である福田定次さんは昭和11年（１９３６）８月、新庄市泉田生まれ。高校卒業後は山形大学に進学。同時に国鉄の試験を受けて合格したが、しばらくしてから採用通知が来たため、大学を中退して国鉄へ入ったのだという。

新庄の鉄道官舎の裏手に「クラブ」という国鉄の保養施設があり、卓球をして遊んでいるところで2人は知り合い、当時では珍しい恋愛結婚で結ばれた。

福田さんは山形運輸室の室長や、秋田鉄道学園の教官もしていたという。詳細が不明なのは残念だが、新庄機関区の主席助役も務めた。

「高校卒業後とはいわず、今すぐにでも国鉄に入りたい」と、素直な気持ちを話すと、電話の向こうからの返事は、

「大学に入って、卒業してから就職しなさい」という意外なものだった。きっとご自身の経験から、何も知らない僕にアドバイスしてくれたのだろうと思う。

福田さんは、退職後もJR東日本のグループ会社に就職し、清掃関係を受け持つ部署の所長として働いていた。とにかく働き者で勤勉だった。洋子さんの話では「いつも本を読んでいて博学だった。知らない言葉などを尋ねると、必ず教えてくれた」という。

福田さんは平成12年（2000）3月末日で定年退職したが、退職の直前に末期の胃癌が発見された。すでに手遅れでなす術もなく、退職から1カ月後の5月1日、63歳でこの世を去ってしまった。逝去後はその悲しみを消すかのように、残された家族が身辺の品々を処分してしまったとのこと。尊敬してやまない福田さんの足跡が、今では全く不明となってしまった。

鉄道写真に目覚める

中学2年生だった昭和57年（１９８２）は、６月23日に東北新幹線が大宮〜盛岡間で、11月15日には上越新幹線が大宮〜新潟間でそれぞれ開業し、東北地方の鉄道が一気に様変わりした年だった。

新幹線の開業で、東京（上野）と東北各地を結んだ在来線の特急・急行列車が大幅に削減、または廃止されていった。

これらの列車が走る風景を、消え去る前に撮ってフィルムに残したい。そう思い、新しい一眼レフカメラを手に撮影に出かけた。幸い祖父母の住む福島に行けば、「はつかり」（上野〜青森間）、「やまびこ」（上野〜盛岡間）、「ひばり」（上野〜仙台間）、「つばさ」（上野〜秋田間）、「やまばと」（上野〜山形間）など、東北本線のほとんどの昼行特急列車が撮影可能だった。

そんな思いに、さらに気合いが入り、この年の6月には待望の望遠ズームレンズ「オリンパス、ズイコー１００〜２００ミリＦ５」を購入。購入の決め手となったのは安価であったことだが、レンズの開放値がＦ５と暗いのが欠点。しかし、贅沢は言っていられない。望遠レンズを手にしただけで、すっかり写真が上手になった気がした。

東北新幹線開業の10日前の週末6月13日日曜日、東北本線の有名撮影地、金谷川〜南福島へ撮影に向かった。前日はいつものように、福島の祖父母の家にお世話になった。昭和57年の当時は「撮り鉄」なんて言葉はなかったけれど、まさに「撮り鉄」の道へ踏み込んでいった瞬間だった。ところが、さっそく購入したばかりの望遠ズームレンズを使ってみたところ、扱いが思った以上に難しかった。撮った写真を現像すると、全くピンボケだったり、画面が大きく傾いていたりで、惨憺たる結果に愕然とした。

『鉄道ファン』（交友社刊）、『鉄道ジャーナル』（鉄道ジャーナル社刊）、『鉄道ダイヤ情報』（弘済出版社〈現・交通新聞社〉刊）などの鉄道雑誌をよく買うようになったのもこの頃。『鉄道ダイヤ情報』は撮影地ガイドなども頻繁に掲載されていて重宝した。

雑誌には、写真撮影に関するガイドなどもあり、写真の知識も得ることができた。記事を読んで、フィルムにもさまざまな種類があることを知った。

それまで使っていたのは、店頭でプリントしやすいカラーネガフィルム。しかし、印刷原稿として使われるポジフィルムや、自分で現像や引き伸ばしもできるモノクロフィルムも魅力的に思えた。それぞれ特徴があるというが、特にポジフィルム、なかでもコダック社の「コダクローム」は保存性に優れていると雑誌で読み、試しにコダクロームを使ってみた。高価なうえに、感度が

ＩＳＯ64と低く、扱いに苦労した。

雑誌にはさまざまな情報もあるが、時々ハッとさせられる記事と出会うこともあった。昭和55年（１９８０）7月号、初めて買った『鉄道ファン』には、写真家ロバート・キャパのことが書かれていた。おそらく中学生になってから読み返したのだと思う。

「私はキャパの作品展を見て、写っている人物の〝眼〟に感心しました。（中略）私たちも車両に生命を吹き込めたらなんとすばらしいことでしょうか」、また「よりよい鉄道写真を造るためには鉄道以外の写真作品を見、本も読んでほしいと思います」と書かれていた。その後キャパの自伝『ちょっとピンぼけ』（文藝春秋刊）を書店で買い求め読んだ。

鉄道雑誌を読んでロバート・キャパのことを知ったのだから、専門誌といえども、雑誌は広い知識を与えてくれるメディアだと思う。

記事を書いたのは、鉄道友の会参与（当時）で鉄道趣味界の大先輩の宮澤孝一さん。鉄道や写真の見方について、今でもさまざまなことを教えてくださる恩師のひとりだ。

その宮澤さんが、『鉄道ダイヤ情報』昭和57年（１９８２）夏発売の16号で執筆した飯田線の記事を読み、すっかり心を捕まえられてしまった。

この時期の飯田線は、関西や首都圏からやって来た旧型国電が最期の活躍をしていたが、翌昭

旧型国電が活躍した飯田線　昭和58年（1983）

和58年（1983）に新型車両に置き換わる計画が発表された。文章はその旧型国電のありようを綴ったものだった。

「あの黒光りした車内は暗く、乗り心地は決して一級のものではない。しかし、そのかもし出す雰囲気からは、かつて阪神間や首都圏を肩で風を切って走っていたつっぱりは消え、伊那谷や三河の野に生きる人々の心を包むやさしさと厳しさを感じ、利用する人々との対話の空気を感じる（後略）」

哀愁や悲哀という言葉には、妙に弱い中学生だったから、宮澤さんのこの文章に、あっという間に感化された。

その結果として、飯田線へ行かずにはいられなくなった。

11月15日には上越新幹線が開業し、特急「とき」が廃止になる。飯田線と上越線をセットで訪問することにした。

飯田線は、初めて「青春18のびのびきっぷ」で旅した春休みに、全線通して乗車してはいた。こうして撮影のために改めて訪れると、本当に素晴らしい路線だと思った。

山峡を滔々と流れる天竜川の風景と、歳月を重ねた旧型国電の存在にすっかり魅了されてしまった。旧型国電の独特な吊り掛け式モーターの音が、しばらく耳から離れなかった。

また、この秋に行ったのは飯田線でも中ほどにあたる天竜峡付近だったが、伊那谷の区間でも撮影したくなり、秋の訪問から2カ月もたたない冬休みにも再び訪ねてしまった。冬は中央アルプスの山並みが美しかった。

「青春18きっぷ」も引き続き愛用した。昭和58年（１９８３）春の発売から「のびのび」の文字が外され、現在と同じ「青春18きっぷ」になるなどの変化があった。

旧型客車で汽車通学

中学3年になると、当然高校への進学を決めなければならない。そのことは分かっていたが、なおも鉄道を求めてあちらへフラフラ、こちらへフラフラ……。

「テスト前くらいは勉強しよう」と、ノートを広げ夜更かししてみれば、深夜の奥羽本線を往来する「あけぼの」や急行「津軽」の走行音が聞こえてくる。天童の実家は奥羽本線の線路から東へ約500メートルの位置にあり、特に冬の夜には、列車の走る音が北西の季節風に乗って自宅まで届いた。

その音を聞くだけで、凍える夜を走る青い夜汽車の姿が想像できた。我慢できずに時刻表を手に取り、しばし卓上で空想の列車旅が始まった。これでは勉学が手につくはずがない。

それでも何とか、山形市内にある学力相応の普通科高校に進学できた。高校は自宅のある天童から、高校のある山形まで奥羽本線の列車で通学した。今は違うのだろうが、当時、田舎では列車のことを汽車と呼んでおり、汽車通学または略して汽車通といった。「汽車通で大好きな列車に毎日乗れる」、そう思うと嬉しくてしようがなかったが、それを喜べば「汽車に乗せるために高校に通わせているのではない！」と親に叱られそうで、なるべく表情に出さないように注意した。

天童7時28分発、奥羽本線1440列車が通学列車。真新しい50系客車を11両も連ねていた。50系客車は、旧型客車を置き換えるのを目的に、昭和52年（1977）から製造開始。真っ赤な塗装で「レッドトレイン」と呼ばれた。それまでの客車の色は地味な茶色や青が一般的だったたか

地元の天童駅で撮影した旧型客車（オハフ33 2025）

ら、50系客車はかなり派手なカラーリングだった。

帰りは、帰宅時間帯によっては50系誕生以前から走る「旧型客車」に乗ることができた。

「旧型客車」……この古い客車たちが中学生の頃から大好きだったのだ。

自分も含めてレイルファンは「旧型客車」とひと括りに呼ぶが、その生い立ちはさまざま。戦前から戦後の昭和30年代まで、製造年月も幅が広く、用途も特急・急行用から一般用までと多種あった。

なかでも好きだったのが戦前と戦後すぐに製作されたオハ35形とオハフ33形。奥羽本線にも戦前製造の古い同型車両が多く活躍していた。戦前の車両は車端を絞った設計で、屋根の形から「丸屋根」と呼ばれていた。これがとりわけ好きだった。

窓の下にはリベットがズラリと横２列に並び、車内は木造で、ニスが塗り重ねられアメ色に鈍く光っている。戦後になって急行用に製作された、スハ43形やスハフ42形は木材部分がペンキで塗られていたが、オハ35形、オハフ33形はニスの下地に木目が残り、工芸品のようだった。

車両妻面の下部に「昭和14年梅鉢車輛會社」などの銘板を見つけては、通学に携行したカメラを向けてフィルムに収めた。ただの古びた車両も、僕にとっては宝石のようだったのだ。

ほかにも、木造車両の車体を鋼体化したオハフ61形という車両もあった。この車両は最初から3等向けに製造されているので、背もたれにモケットが張られておらず板張りのまま。扇風機も未装備だった。当然ながら通学する友人たちには不評このうえなく、特に夏場は避けられた。僕だけはこれらの車両が来ると嬉しかったのだから、かなり変わった高校生だったに違いない。

雑誌に記載された運用表をもとに、車両運用を調べたこともある。数ある旧型客車のなかで、特に古い車両が帰宅列車に入ることをキャッチすると、学校にカメラを持参し、下校途中に撮影を楽しんだ。

山形駅構内にある山形客貨車区に出向いて、現車の運用を聞いたこともあった。現場への問い合わせや訪問は、今ははばかられるが、国鉄当時は親切に教えてくれた。

オハ35 2053、オハフ33 2025、オハフ61 3066……。

記憶を辿れば懐かしい車両番号が思い出される。

物心ついた時には、すでに蒸気機関車が引退していたが、汽車の匂いがするこれらの旧型客車に、僕は蒸気機関車の面影を感じ取っていたのかも知れない。

これらの趣味とは別に、高校の部活動は山岳部に入部した。目的の半分の理由は鉄道写真を撮るためだった。

山岳部に入れば、高い山の上から列車の写真を撮ることも可能になるのでは？　と思ったのだ。なんと不純な動機だろうか。

ただし、もう半分の理由は純粋なもので、中学時代に撮影に出かけた飯田線で、中央アルプスの山々の姿に魅せられたことによる。

飯田線の有名撮影地、田切のカーブや大田切の鉄橋から、聳える空木岳《うつぎだけ》や宝剣岳を仰ぎ見て、「あの峰に登りたいな」と思ったのが、もう半分の動機だ。

そんな甘い考えで入部したが、「新人歓迎」という名目の初めての山行は、慣れない身体がキツく、手荒な歓迎に少し後悔した。

最初はキスリングという布製のザックに、荷物をどのように詰めたらいいかも分からなかった。

このキスリングという代物が、また背負いづらく、歩行時には身体のバランスをとるのに苦労した。ただ歩くだけならまだしも、背負いにくいキスリングに、テントや食料などを分担して詰め込み背負うと、それだけでどっと疲れた。

のちに山用のザックを購入し、初めて背負った時には「こんなに背負いやすいのか！」と感激した。キスリングあってこそのザックの感動だった。

山岳部では山登りに適した歩き方も教わり、登山の基礎的な技術を身につけることができた。山の世界を知ることができ、視野が広がったと思う。汗だくで樹林帯を抜け、尾根線へ出た時に広がる視野の気持ち良さ、山上で受ける風の爽快感は格別だった。

高校入学の頃へと話が戻るが、最初にクラスで自己紹介をさせられた時、〝『青春18きっぷ』で旅行するのが趣味〟と話したところ、休み時間に「オレもなんだよ」と声をかけてきたクラスメートがいた。

地元山形のG君だった。

「長距離ドン行が……」とか、「18きっぷが……」とか、にわかに話が盛り上がった。小中学校時代のT君やF君の時のように、あっという間にG君と意気投合。「旧型客車、シブいよなぁ」なん

氷見線を走る客車普通列車　昭和59年（1984）

ていう、奇特な趣味の話につき合ってくれるG君はいちばんの友人だった。

G君は当時の鉄チャンには珍しく、あか抜けた雰囲気で、部活も品が良さそうな吹奏楽部に入部した。一方の僕は、野暮ったい山岳部……。

そんなG君とあれこれと話しているうちに、「青春18きっぷ」で一緒に出かける話が盛り上がった。昭和59年（1984）の夏休み。それは実行に移された。

行き先は北陸地方。夏休みも終盤に近い頃、お互いの部活の予定を合わせてスケジュールを組んだ。「青春18きっぷ」ゆえ、普通列車を乗り継いで、山形から富山へ。出発して3日目の夜は、宿代を節約するために、氷見線の越中国分駅で一夜を過ごすことになった。

「無人駅の細長いベンチでの駅寝」と、思ったたまではいいが、蒸し暑いうえに蚊に刺され、なかなか眠ることができない。

越中国分の駅は海辺からも近く、耳元に波の音が届いてくる。寄せては返す波音を聞きながら夜が更けてゆく。眠れないままに、G君とさまざまな話をした記憶がある。そこは高校生ともなれば「誰が好きなの……」なんて話にもなった。

「好きな女子に、お土産を買って帰ろう」と話が盛り上がり、翌日、富山駅のステーションデパートでお土産のキーホルダーを買ったという、ちょっと恥ずかしくなるような思い出が残る。

そのキーホルダーを実際に渡したかは忘れたが、もらったほうはいい迷惑だったろうなぁ。思い返せば「青春」と呼ぶには何とも青臭い、駅寝の一夜だった。

写真学生

旧型客車は昭和60年（1985）3月のダイヤ改正で、奥羽本線から全て引退することとなった。旧型客車の走るシーンを求めて、週末になるとさまざまな場所に出かけては、列車の撮影に勤しんだ。しかし、なかなか思うような写真を撮ることができない。風景の中を走る旧型客車の姿は、それはそれでよかったのだが、旧型客車の持つ魅力が伝わってこなかった。

そんな折、創刊して間もない『レイル・マガジン』（企画室ネコ〈現　ネコ・パブリッシング〉

刊）の昭和59年（１９８４）８月号に掲載されたモノクロのグラフページを見て釘付けになった。「ＳＴＡＧＥ・スハフ32」と題された、わずか４ページほどのモノクログラフだった。写されているのは、列車に乗車する人々の姿。列車の前で佇む女子高生、風呂敷包みを隣に置いて古びた座席に座るおじさん、ゴミを掃き出す清掃係。自分も通学で日常的に目にしているような、車内の様子をありのままに切り取ったモノクロ写真が並んでいた。撮影者は川井聡さん。

「こんな撮り方があったんだ。いや、こんな写真を自分も撮りたかったのかも知れない」。川井さんの写真との出会いは、自分の撮るべき写真の方向性を示してくれた気がした。「写真を仕事にする」という希望が、自分のなかにじわじわと膨らんできた。

写真の学校へ行けないだろうか？

鉄道で働く夢は、この時代、国鉄に採用がなかったために、すっかり諦めていた。趣味として打ち込んできた写真を生かせる仕事、できればカメラマンになりたいと思い始めていた。

「そんな夢みだいなこと」と、同居する祖母に言われたことがあった。

「最初から目指さなければ、何になることもできないじゃないか」と反発して思った。

さまざまな写真学校を調べるうちに、いわゆる専門学校ではなく、大学のなかで写真を専攻できる学校があることを知った。日本大学藝術学部、大阪芸術大学、九州産業大学など。また、２

年間の短期大学部ではあるが、東京工芸大学という学校もある。写真を学ぶ場所は専門学校でもよかったが、親の薦めもあって、4年間は大変だが2年間ならばと、東京工芸大学短期大学部写真学科を受験し、無事に合格することができた。

昭和62年（1987）3月に高校を卒業。「上京する時は、急行『津軽』で」と決めていたので、それを実行した。

すでに東北新幹線は開業していたし、在来線の昼行特急「つばさ」も上野行きが1往復だけ残されていたが、上京の列車は急行「津軽」にしたかった。故郷から急ぎ足で慌ただしく去るのではなく、ゆっくり時間をかけて離れたかった。

出発当日、両親が駅まで見送りに来てくれた。家から出る息子を送り出す時、暗がりの中で両親が見せた表情を今も忘れることができない。

天童発23時11分。急行「津軽」は山形、米沢を通り、板谷峠を越えた。暗闇に包まれた板谷峠の線路を窓に眺めた。不安もなければ過度な希望もない、ひたすら走る夜汽車のように、淡々とした気持ちだったことを覚えている。

4月から、川崎市麻生区百合丘にアパートを借りてのひとり暮らしが始まった。学校は東京で、中野区の中野坂上にあったのだが、賃料の高い都心は避けて、郊外の賃料が安くて静かな場所で暮らしたいと思っていた。

東海林家の六男、孝さんが東京都西部の稲城市に住んでいて、アパート探しなどの世話をしてくれた。孝さんは、国鉄一家、東海林家６男２女の末っ子。国鉄には入らず、高校卒業後に上京して勤めたデパートを、約半年で退社。住宅会社に勤務ののちに起業し、建築関連会社の社長になって成功を収めている。また、四男の弘さんは高校を中退して上京。親の反対もあったが、下町の製麺所に住み込みで働いたのち、クリーニング店で修業を重ねた末、江東区の門前仲町に店舗を開業するに至ったという、努力の人である。東海林家の兄弟は皆、頑張り屋だ。

さて、そんな孝さんのおかげで入居できた物件が、百合丘のアパート。駅から急な坂道を上って徒歩20分ほどかかるが、丘陵の上にあるので見晴らしが良い。少し歩くと新宿の高層ビル群が遠くに見えるのが気に入った。間取りは１Ｋで、風呂とトイレが別々の構造。賃料は４万１００００円と安かった。

部屋に入ったばかりの時は、寂しくも何とも思わなかった。ひとり旅でもしている気分だったのかも知れない。しかし、米をといでご飯を炊き、ひとりで夕食を食べ、自分でバスタブに湯を張り、ひとりで風呂に入った時に急にむなしい気分に襲われた。やはり寂しい気持ちは隠せなかったのだろう。

入学した東京工芸大学は、かつて東京写真大学と呼ばれた時期があり、その名残から「写大」とみんなが呼んでいた。学科選択した写真技術科には、第1研究室から第5研究室までの5つのコース選択肢があり、入学後3カ月でコースを決める必要があった。

入学するとすぐに部活動にも興味を持ち、報道写真部とワンダーフォーゲル部を掛け持ちで入部。そろそろ研究室を決めるという時期に、報道写真部の部室で「4研（第4研究室の略）がいいから、4研に来ないか」と、部の先輩に強く勧められた。その先輩が小林紀晴《きせい》さんだった。今では写真家として活躍するばかりか、母校の東京工芸大学で教鞭を執っている。

実習ではモノクロフィルムのネガ現像とプリント。特にモノクロプリントは徹底して教えられた。モノクロプリントの調子は、印画紙への露光時間や、現像液に浸す時間の差によって、写真の見え方が大きく違ってくる。また画面の一部分の露光時間を増減させる、焼き込み、覆い焼きなどの技術はプリント表現のテクニックとして使用すれば、プリントの仕上がりが見違えるようになった。

その時叩き込まれた表現方法の基礎的な部分は、デジタル写真になった現在でも役に立っている。

ほかに座学の講義では、写真史に残る写真家の作品をプロジェクターで見る授業があった。印象に残ったのは、写真誕生の黎明期の頃から20世紀初頭の頃の作家たち。講義では次々と登場する写真家の作品に、それまで未知だった写真の魅力を知ることができた。

ウジェーヌ・アジェ（フランス　１８５７～１９２７）
アルフレッド・スティーグリッツ（アメリカ　１８６４～１９４６）
ジャック・アンリ・ラルティーグ（フランス　１８９４～１９８６）
アンリ・カルティエ・ブレッソン（フランス　１９０８～２００４）
ウォーカー・エバンス（アメリカ　１９０３～１９７５）

など、授業で扱われた写真家の名前と作品は、記憶に刻まれた。

饒舌にメッセージを発する写真よりも、ストレートな眼差しで捉えられた静謐な写真のほうが好きだった。教えていただいた井堀先生、平野先生、上条先生には感謝のほかない。

日本の写真家も多く取り上げられたが、印象に残っているのが増山たづ子さん。60歳を過ぎてから写真を撮り始め、コンパクトカメラでダムに沈みゆくふるさと徳山村（現在の岐阜県揖斐川《いびがわ》町《ちょう》）を丹念に取り続けた写真の数々。写真が生まれ持った使命のようなものを感じた。

もちろん鉄道写真家の作品にも影響された。広田尚敬さんや真島満秀さん、荒川好夫さん、南正時さん、諸河久さんなど、鉄道雑誌の誌面を飾る写真家の作品をヒマさえあれば図書館に通って目を通した。

鉄道写真のあらゆる表現の先駆者である、広田さんの写真は特に芸術的だと思った。感性と理性が、作品集によって、方向性を示すように見事に突出していて、その柔軟な発想とカメラアイの鋭さに感嘆した。

真島さんの写真は、光線の受け止め方、捉え方、緊張感のある切り取り方が叙情的で素晴らしかった。

学校の授業で、鉄道写真を課題に出すことはあまりしなかった。一度提出した写真が、プリントの甘さを指摘されたと同時に、内容についてあまり評価されなかったのだ。結局その1回のみで、鉄道写真を課題提出することはなく、2年生の卒業制作も、旅の風景写真をテーマに、津軽地方へ旅した写真でまとめることにした。

短いながらも充実した2年間はあっという間に過ぎて、元号が変わった平成元年（1989）3月に卒業した。

東北方面を結ぶ数々の長距離列車が発着した上野駅13番線ホーム

第6章 鉄道カメラマンになる——心に抱くもの

アシスタント

東京工芸大学短期大学部を卒業すると、広告写真家のアシスタントの仕事を紹介され、スタジオに就職した。広告写真家の安達洋次郎さんと能津喜代房さんの2人が師匠。東京・西麻布にあるスタジオが勤務地だった。

安達さん、野津さんともに広告写真の第一線で活躍するカメラマン。専門分野は厳密に分かれているわけではないが、安達さんは主にモデルや人物の撮影、野津さんは主に商品撮影、いわゆるブツ撮りが仕事のメインだった。

初めて出社した日は、高級外車の新聞広告用写真の撮影日。都内にあるホテルの石畳に停めたクルマを、安達さんが高所作業車から撮影するものだった。

新米の僕は、カメラ周りに付くことなど許されず、じょうろを手渡され、石畳に水をまくことが、社会人になって初めての仕事だった。

一方、能津さんの仕事の時は、スタジオのセッティングや、ストロボを使用したライティングをアシストする。

商品やストロボは、ほんのわずか動いただけで、見え方や光の当たり方が変わってくるため、神経のすり減る仕事だった。

「右ライト、もう少しだけ、気持ち右に振って」など、能津さんの指示で、ライトの位置をゆっくりと動かす。カメラの位置から見ていれば、動かしているライトの効き具合が変わっているのが確認できる。しかし、ライトを動かす本人は、どのような効果で自分がライトを動かしているのか分からないのがストレスとなった。

せっかく紹介してもらったアシスタントの仕事だが、約1カ月で辛くなり、3カ月で精神的に限界になった。

時はバブル経済まっただなか、仕事は次から次へと入り、時には徹夜でスタジオにこもることもあった。1日で太陽の光を見るのは、通勤の時と昼食の時のみで、仕事が終わると外は真っ暗。そんな日が続くと、狭いスタジオに長時間こもるのが苦痛になってきた。

「太陽光の下で写真が撮りたい」

アシスタント生活も3カ月が過ぎた頃、辞めたい旨を安達さんに相談したことがある。すると、「勉強のつもりで1年はいなさい」と諭された。

確かに、アシスタントは撮影の補助とはいえ、第一線の現場を経験するという、貴重な勉強場所でもある。そのとおりだと思い従った。

安達さんは仕事で撮影する広告写真のほかに、「ぐるりの人たち」という、スナップ写真のシリーズを、個人的な作品として撮影していた。そんな「ぐるりの人たち」の作品は、一枚一枚がとても魅力的。作品はモノクロで、自身で暗室に入り、プリント作業をされていたが、暗室作業のようすを見たり、撮影話を聞いたりするのが好きだった。

また、能津さんの撮る商品写真には写真の迫力と、計算された緻密さがあり、プロの仕事に驚かされた。

ある日、安達さんが、僕を入れて当時3名いたアシスタントの前で、話した言葉を覚えている。「お前たちに撮れるか?」という言葉だった。

ライティングを覚え、カメラの扱いを覚えるうち、アシスタントは「自分で一人前の写真が撮れる」と錯覚してしまう。

ところが、シャッターを押すのはカメラマンであり、本当に大切なところは、撮る者にしか分からないのだ。

どんなにライティングをこなせて、カメラに詳しくとも、フレーミングや一瞬のタイミング、さらには被写体との暗黙の対話、間のとり方など、写真には経験やセンスが求められる。

「お前たちに撮れるか?」は、そんなことを、僕たちアシスタントに伝えたかったのだと思った。

安達さん、能津さんには1年間の短い時間だったけれど、とてもお世話になった。退社する時、アメリカ製の頑丈な三脚「ハスキー4段」をプレゼントしてくれた。この三脚は完全に伸ばすと高さが2メートル30センチに到達する。

安達さんが「一生使えるから」と言っていたが、退社後25年近く経った今でもありがたく使用している。師匠のお2人に対する感謝の気持ちは今も忘れない。

鉄道写真事務所

平成元年（1989）の夏も終わろうとしていたある夜、大学の先輩の小林紀晴さんから電話が入った。僕のアシスタントの仕事も、年度いっぱいでの希望退職が決まっていたタイミングに、だ。

「廃線跡って、テーマとしてどう思う?」と電話の向こうで突然質問された。

鉄道に興味がなさそうな小林さんが、「廃線跡は?」などと聞いてくるとは思わなかった。

小林さんは新聞社に勤務していたが、自分でもっと面白い仕事をしたいと思っていたようだ。学生時代から懇意にしてもらっている小林さんとは、就職後も一緒にグループで写真展を開催するなど、交流が続いていた。小林さんのことだから、きっと何か企んでいるに違いないと思った。

国鉄が分割民営化された昭和62年（1987）前後、赤字経営のローカル線がどんどん廃止された。

すでに廃止されたいくつかの線路は、赤錆びたレールを晒しているに違いない。雑草に埋もれた線路が続く、どこか寂寞とした風景が目に浮かんできた。企画としてどうか、ということは別にしても、様子を見てみたい気がした。

「それ、おもしろいと思います」。電話口でそう告げていた。

その年の秋、11月の連休を利用し、小林さんと2人で日中《にっちゅう》線、赤谷《あかたに》線の廃線跡を巡った。

日中線は磐越西線の喜多方から分岐して北上、温泉のある熱塩《あつしお》を結んだわずか11・6キロの路線。列車の運行本数は極端に少なく、「朝と夕方しか列車が走らないのに日中線とはこれいかに」と揶揄された。

本来は県境を越えて、山形県の米沢を結ぶ縦貫線の一部になる計画だった。

一方の赤谷線は羽越本線の新発田《しばた》を起点に、加治川の扇状地を遡り、終点の東赤谷を結んだ18・9キロの路線。

赤谷鉱山の鉄鉱石を輸送する目的で建設され、のちに旅客も運んだが、利用者が少なく赤字だった。

日中線の終点、熱塩駅付近の廃止後の風景　平成元年（1989）

両線ともに国鉄が廃止の優先順位を決めたうちで最も優先度の高い「第1次特定地方交通線」40線のなかに指定され、昭和59年（1984）3月31日限りで廃止された。

取材当日は喜多方や新発田から代替バスに乗り現地へ行った。車窓に長閑な晩秋の風景を見ながら、終点の熱塩、東赤谷を目指した。

撮影はモノクロをメインに、カラーポジフィルムも使用。雑誌などに売り込む時はカラーもあったほうが有利だと思った。撮った写真は、どこかの雑誌で記事にしようと考えていた。

熱塩駅は日中線記念館として周囲が整備されていて、今でも列車がやって来そうな感じがした。

一方、東赤谷駅は廃止後そのまま放置され、立ち枯れた雑草に覆われていた。どちらも何かを語りかけてくるような心気迫る風景で、手応えを感じた。

「『旅』に持ち込もう」。しばらくして小林さんが電話で言った。

雑誌『旅』はJTB出版事業局（現・JTBパブリッシング）が発行していた月刊誌。長い歴史を持ち、著名な作家も執筆する老舗旅行雑誌だった。

さっそく小林さんが『旅』編集部へ連絡をすると、案外簡単に会ってくれることになった。当時編集部が置かれていた神田の編集部へ行くと、デスクのAさんが対応してくれた。挨拶を済ませ、話を切り出すと、

「ウチでは厳しいかな」の第一声。

Aさんは「鉄道ジャーナル社に持っていってみてはどうですか」と、親切にもアドバイスしてくれた。僕たちは、お礼を言ってその場を辞した。

その時間、たった5分ほどだったと思う。

神田からの帰り道、「もうダメだ」と僕は思っていたが、小林さんは「ここで諦めちゃいけない」と、今度は鉄道ジャーナル社へ持ち込むことになった。こんな時にへこたれず、引っ張り上げてくれるのが小林さんだった。

しばらくして鉄道ジャーナル社に赴いた。応対してくれたMさんがあっさり、「やりましょう」

の嬉しい返事で、モノクロ2〜4ページの連載が決まった。

撮った写真が鉄道ジャーナル誌に載ると思ったら、天にも舞い上がるような嬉しさだった。つい調子に乗り、

「勤めているスタジオの仕事をもうすぐ辞めるので、ジャーナル社で働くことはできませんか」とMさんに聞いた。

「ウチはカメラマンが2人いるので無理だけど、真島さんのところでアシスタントを探していたみたいだ」と教えてくれた。鉄道写真家、真島満秀さんの写真は学生時代から好きだった。話の急展開に驚くばかりだった。

Mさんは真島さんの事務所へ連絡してくれたらしく、事務所の電話番号まで教えてくれ、「今度連絡してみれば」と言ってくれた。

それから数日して、仕事の合間を縫って公衆電話ボックスに駆け込み、教えられた番号に電話をした。極度に緊張したことは言うまでもない。

電話口で真島さんと思われる人が「一度来てみなさい」と言ってくれた。

初めての真島満秀写真事務所への訪問日。昼前に事務所の扉を叩いた。

その日は真島さんが不在で、出迎えてくれたのは、真島さんとコンビを組んでいる猪井貴志さ

ん。猪井さんと話したあと、事務所スタッフと一緒の昼食に誘われた。

事務所には写真整理や事務仕事を行なうOさんと、美しい容姿の女性がいた。のちに真島さんの奥様になる、ゆかりさんだった。

近くのホテル内にあるレストランでの昼食は楽しいひとときだった。

「ウチに来てみるかい」と猪井さん。とりあえずは今のスタジオ勤務を頑張って、退社したら、来てもいいということになった。

初めて真島さんに会ったのは初出社の時。いのいちばんに事務所へ入る覚悟を問われた。

勤務が始まると、最初に教えられたのは写真整理の仕方。膨大な数の撮影したポジフィルムを、列車名ごとにスライドファイルに仕分けしていく。フィルムの切り出し方、マウントへの詰め方など、大切なフィルムを傷つけないよう、細心の注意を払っての細かい作業だ。

事務所に入って間もない頃、真島さんに撮影を命じられたことがある。

「東京駅でスナップ写真を撮ってこい」

広告写真の現場では、アシスタントにも序列がある。新米は撮影しているカメラ周りにも近づけないのに、いきなり「撮影してこい」の言葉に驚いた。

東京駅八重洲南口から京葉線に乗り換える通路にある「ムービングウォーク（動く歩道）」。今ではよく見かける設備だが、当時は珍しかった。この通路が近未来的と感じたので、撮影することにした。今は無許可での商業写真撮影などできないが、当時は今より少しだけ緩かった。

蛍光灯が緑色に発色しないように、レンズにマゼンタ（赤紫色）のフィルターをかけ、三脚にカメラを据える。水平が狂わないように気をつけてフレームを合わせ、1／15～1／30秒のスローシャッターで、ムービングウォークを通る人々を真横から撮影した。

ちょうど舞浜にある有名なテーマパーク帰りの利用客が、青い風船を持って横切った瞬間、すかさずレリーズした。写真が仕上がってみると、「都会の幻想」を思わせた。この写真は真島さんが気に入ってくれ、『鉄道ジャーナル』の巻頭グラフで使用された。僕は真島写真事務所に正式に採用されることになった。

小林さんと企画した廃線跡のルポ企画の連載も、ちょうど同じ時期に掲載された。

わずか4ページのモノクログラフが、読者のクイズ応募による人気テーマ投票で2位になり、『鉄道ジャーナル』の竹島編集長（当時）を驚かせた。その後、僕は勝田線、佐賀線、羽幌線を撮影。小林さんは広尾線、士幌線などを撮影して、連載は半年近く続いた。取材は自費だったので、正直なところ、それ以上続いても負担が大変だった。

真島満秀写真事務所では、写真以外にもさまざまなことを学んだ。

小休止中にコーヒーを沸かす筆者（右）　いちばん左が真島満秀さん

それこそ、箸や茶碗の持ち方、脱いだ靴の揃え方、クルマの運転や洗車の仕方まで……。時には「おまえはもう少し派手な服装をしたほうがいい」と、オレンジ色のシャツを買ってくれたこともある。

僕にとって真島さんは恩師だった。

真島満秀写真事務所では、カメラマンとして撮影を任されることもあれば、真島さんのアシスタントをすることもある。時には企画を売り込むことも。

東北本線に残る歴史的な構造物を、真島さんが大判カメラで撮影するという、異色の企画を鉄道ジャーナル社へ持ち込んだことがあった。

大判カメラとは、一般的な35ミリ判のフィルムカメラと違い、４×５インチサイズ（１０２×１２７ミリ）のカットフィルムを使用する。フィルムの面積は一般的な35ミリ判の約15倍。緻密で迫力ある写真が撮れる。ただしカメラ周りが大がかりになるので、機動力が悪く、速い連写なども不可能だ。

「先生（真島さん）が撮りたいと言ってるんです」

編集者のMさんに、ねばり強く話した結果、ページを割いてくれることになった。

さあ、ここからが大変、言った以上は真島さんが良い作品を撮れるように準備せねばならない。

「東北本線に残る歴史的な遺構」といっても、どこに何があるのかリサーチしたわけではない。記憶の中に漠然と「確かあの辺に、あんなものがあったなぁ……」という程度だった。

大判カメラの準備もある。

4×5判のカメラは、1枚ずつフォルダーに仕込んだフィルムをカメラに装着して撮影する。カットフォルダーと呼ばれる専用のフォルダーは、表裏両面にそれぞれ1枚、両面で2枚が入る。フィルムは明るい場所では感光してしまうので、撮影後は完全な暗室でフィルムを詰め替える必要があるのだ。その作業をミスなく行ない、さらに撮ったフィルムの管理も必要だ。

そんなに制約の多いカメラを使うより、手持ちカメラでさまざまなアングルを狙ったほうがいいじゃないか、そう思うかも知れない。

しかし、大判カメラで撮った写真には、一般の35ミリ判カメラでは表せない魅力がある。フィルム面、あるいは光軸を移動させることで、ピントの合う範囲を変えることも可能で、水平、垂直のゆがみもカメラ操作により消すことができる。100年を迎えるという東北本線の構造物は、その歴史の重みに違わぬよう、そんな迫力ある描写の大判カメラで撮影したいと思っていた。

東京から北に約600キロ、東北本線のいにしえを探す旅は岩手県と青森県の県境付近からスタートした。

小鳥谷《こずや》～小繋《こつなぎ》間の山間にあるレンガアーチの橋台、木造の小鳥谷駅舎の佇まいなどを撮影。狩《か》場《ば》沢《さわ》では、駅員さんが宿直の時に煮炊きした炊事場が、ほど良い感じに残っており、これも撮影した。

4×5判カメラの撮影では、昔の写真屋さんよろしく、「カブリ」と呼ばれる黒い布を被りカメラを覆いながら構図やピント合わせを行なう。

真島さんもカブリを被って、額に汗しながら、それらの被写体に正面から向き合っていた。

本番のフィルムで撮影する前には、インスタント写真でテスト撮りをする。

「ここはもう少し広角がいいね」

「やっぱり、望遠じゃ面白くない」など、インスタント写真を見て確認しながらレンズやアングルを決めていった。

大判カメラで撮影したそれらの写真は印刷され、質の高いページになった。真島さんも手応えを得たようだった。おこがましくも、この時のロケは、お世話になった真島さんに、ほんのわずかだけ恩返しができた唯一のことかも知れないと思う。

フリーランスに、そしてアジアへ

記事の企画を考え、雑誌社に持ち込んだ時「先生が撮りたいので」と言って説明する自分がいた。しかし、その時「じゃ、お前は何が撮りたいの？」と、そんな言葉が自問自答のように返ってきた。

自分が師事する写真家に、より良い写真を撮ってもらいたい。そう思って行動するのはアシスタントの役目である。

ただし、アシスタントは所詮アシスタントに過ぎない。やりたいことやアイディアがあるのなら、自分で実行するのも選択肢のひとつ。道は自分の手で切り開くのだと……。

平成4年（1992）の秋、真島さんに退社して独立したい旨を話した。真島さんは黙って僕の話に耳を傾けたあと、

「おまえは、いつかそう言うと思ってたよ」と言ってくれた。

撮影に向かうため自動車を運転する真島さん

決して真島さんのところが嫌になったのではない。事務所の仕事を続けることに、何の不満もなかった。ただ自分の力を試してみたかったのだ。

その年の12月31日、3年間お世話になった真島満秀写真事務所を辞した。

勤めていた新聞社を退社して、先にフリーランスになっていた小林紀晴さんが、一緒に事務所を持とうと誘ってくれた。

東京では一等地といえる赤坂に部屋を借り、1月には共同で事務所を開設した。もともと請け負うはずだった、まとまった撮影の仕事があり、その仕事を見込んで借りた部屋だった。撮影が順調に回転し、そこから全てがスタートする予定だった。

ところが請け負うはずの仕事が突然中止になった。いきなり安定した収入源が絶たれたおかげで、赤坂の家賃が重い負担となった。見通しが甘かった。

結局わずか3カ月で僕が部屋を去り、小林さんがそのまま赤坂の部屋に住み込むかたちで事務所は解散した。

その後すぐ、小林さんはアジアを旅する日本人を描いた『ASIAN JAPANESE』（情報センター出版局刊）が注目され、一躍時の人となり、僕も雑誌の撮影が順調に入りだした。

仕事が安定するようになるとすぐ、温めていたある思いを実行しようと考え始めた。

その頃読んでいた、ユーラシア大陸を乗合バスで横断した、沢木耕太郎の『深夜特急』（新潮社刊）の影響や、沢木氏とは逆向きに、トルコから日本へ旅した、藤原新也の『全東洋街道』（集英社刊）など、僕もそんな旅がしてみたいと幾度となく思った。

一方で2人組の若手芸人が、ヒッチハイクでユーラシア大陸を横断するというテレビ番組が、アジアブームに火をつけたのも、ちょうどこの頃。

しかし、僕にはそれとは全く違ったアジアへの思いがあった。

窓の開く列車を延々乗り継ぐような旅をしたかったのだ。中学、高校生の頃、「青春18きっぷ」で旅したように……。そして、仕事とは別にテーマ性のある作品をライフワークとして撮りたいと思っていた。

広告写真の仕事の傍ら「ぐるりの人たち」を撮り続けた安達さんから受けた影響も大きい。

高校時代、写真を仕事にしようと思うきっかけとなった、川井聡さんが撮ったような写真を撮りたいという思いも持ち続けたまま、達成できていなかった。

しかし、列車に乗る人々の表情豊かな写真は、もはや日本では撮りにくくなっていると思われた。

列車の窓は開かなくなり、地方に行ってもロングシートの電車ばかり。向かい合わせたボックスシートで、時には見知らぬ人と会話するような旅があってこそ、あのような写真が撮れるのではないだろうかと。

いや、実際には窓が開かなくても、ロングシートでも、日常の鉄道風景は撮ろうと思えば撮ることは可能であったのかも知れないが、そう思い込んでいた。

そんな時、タイの鉄道に乗ってきたという、当時『鉄道ダイヤ情報』編集部に在籍したSさんから、タイの鉄道を写した写真を見せられた。

その写真の中の鉄道の姿は、「青春18きっぷ」で旅したあの頃の雰囲気が残されているようだった。

フリーランスカメラマンになった翌年、平成6年（1994）8月、僕はSさんに同行をお願いし、パスポートを取得しバンコク行きのチケットを手にしていた。

約7時間のフライトを終え、バンコク国際空港に降り立った。

当時バンコク国際空港は、バンコクの中心地から北方にあるドンムアン空港が使われていた。ドンムアン空港はターミナルから幅の広い幹線道路を挟んだ場所にタイ国鉄線のドンムアン駅があり、列車で市街地へ向かうことが可能だった。

Sさんと僕は、空港ターミナルから駅へ連絡する長い陸橋を渡って、ドンムアン駅へ向かった。生まれて初めて吸い込む海外の空気は、少し甘ったるいような匂いがした。高温多湿の洗礼を受けて、すぐに毛穴から汗が噴き出してきた。

バンコク行きの列車を待っていると、向かい合わせた対岸のホームに列車が到着した。首都のバンコクから地方へ旅立ってゆく長距離快速列車だった。ほとんどの車両は非冷房の座席車で窓全開。天井で扇風機が回っている。1分ほど停車したのち、列車はゆっくりと駅を離れてゆく。

かつて上野から東北地方を結んだ夜行急行列車が運転された時代があった。冷房もない客車が明かりを灯し、窓を開けたまま夜へと旅立っていく姿が思い浮かんだ。戻れない時代への郷愁に襲われた。

その旅の途中で出会った少女のことは、今も忘れられない。バンコク郊外の小さな駅の商店で、

海外での初ショットはバンコク、ドンムアン駅でのスナップ

日本国有鉄道時代の雰囲気が感じられるタイ国鉄の列車

その3～4歳ほどの少女はちょこんとイスに座っていた。背景の様子や彼女の佇まいが絵になったので、周囲の大人に写真を撮ってもよいか尋ねた。タイの人々は写真撮影に寛容で「いいよいいよ」という感じで笑って快諾してくれた。

そんなやりとりがあったあと、彼女にカメラを向けた時、ファインダーの向こうで、表情を変えずに真っ直ぐに微笑んだ彼女の姿に心が震えた。

それまでも人物写真を撮ったことはもちろんあったが、その瞬間を境にして、人物と相対の仕方が分かった気がした。僕は4歳ほどの少女に、写真を撮る時の大切なことを教えてもらったのだ。

最初の旅をきっかけとして、タイの鉄道を旅するために幾度となくタイを訪問した。

タイにばかり頻繁に行くようになると、なかには「現地に特別な関係の人でもいるんじゃない？」と冗談交じりに言ってくる友人もいた。

こちらはただ、列車に乗りたいだけ。心外で悔しかったので「意地でも遊興街へは行かないぞ」などと応戦した。

いや、じつをいうと一度だけ足を運んだことがある。

Sさんと一緒に、いったいどんなところか見に行ったのだ。

路地に入り、用心棒らしき屈強そうな男が見張る店の門をくぐると、暗がりの中は水族館のようなガラス張りのホールになっていた。

ガラスの向こう、妖しげなライトに照らされた数人の女性が、下着姿で座っていた。なかには口を開けて寝ている女性もいて驚いた。

Sさんと僕は、素知らぬふりをしてすぐに店を出た。見学だけでもう十分だった。

その後もタイ訪問は続き、平成8年（1996）3月から4月にかけては30日間のやや長い旅を敢行し、東西南北の幹線鉄道に乗った。

撮影機材はズームレンズを使わず、単焦点のレンズでそのつど交換しながら撮影を行なうことを自分に課した。レンズの焦点距離をいつも意識していたかったからだ。

カラーとモノクロで撮影し、場面によって感覚的に使い分けた。タイでの撮影スタイルは、その後アジア各国を回るようになったあとでも続けた。

日本では失われた郷愁を満たすための旅も、やがて、その国々で暮らす人々を撮る旅へと、次第に目的が変わっていった。

まれに取材会で顔を合わせることはあっても、ふだんはほかのフリーランスカメラマンと一緒に組んで仕事をすることはあまりない。だから、平成7年（1995）9月の依頼は珍しいケースだった。

写音集と碓氷峠

『鉄道ダイヤ情報』誌の編集長のHさんより、特急「東海」「ふじかわ」用、373系電車試運転の撮影を依頼された。その試運転列車は限定的だったため、複数（4名）のカメラマンが同時に派遣された。撮った写真が『鉄道ダイヤ情報』のほか、時刻表や社内の他の媒体でも使用できるよう、複数名に依頼したのだった。撮影現場までの交通費や現地での動きに無駄がないように、2名一緒に行動することとなった。

この時、一緒に組んだのが斉木実さん。斉木さんは5歳年上で『鉄道ダイヤ情報』誌では定期的に仕事をしていて、僕はその後輩的な存在だった。取材の時は先輩格の斉木さんが、クルマを出してくれることになった。

取材当日、僕はなぜか高校時代に列車の音を録音したカセットテープを持参した。身の回りの音を録音して楽しむことを「生録」という。列車の音を生録した音源をクルマのカーステレオで再生し、一緒に聞こうと思ったのだ。

持参したテープの音源は、四国の土讃線を走る特急「南風」の通過音。特急「南風」は高松～高知・中村間を結んでいた。山深い土讃線を走るため、キハ181系と呼ばれる山岳線用のディーゼル車両が使用されていた。エンジン音を轟かせ、勾配区間を走るキハ181系のサウンドを生録したものだった。

偶然に斉木さんも鉄道の生録に熱を入れた時期があるといい、クルマの中は生録話で大いに盛り上がった。

「これは、何かおもしろいことができるかもしれない」

そこで『鉄道ダイヤ情報』編集部のSさんに相談したところ、特集扱いでページをもらえることとなった。

特集の名前は「飛び出せ生録大作戦」。なぜ「大作戦」なのかは不明だが……。

さしあたり企画実行のためには、ロケ地が重要と思った。

ふと「碓氷峠はどうだろう」と考えが浮かんだ。信越本線の横川から軽井沢の間は、中山道の難所である碓氷峠を越える我が国きっての急勾配区間。信越本線最大の隘路だったが、平成9年（1997）に予定される新幹線高崎～長野間の開業により、同区間は廃止の公算が高かった。

名古屋で取材の仕事があった帰り、特急「しなの」で長野へ出て、信越本線経由で東京へ戻る遠回りのルートに変更し、軽井沢～横川間がどんな様子か確認した。

碓氷峠越えの区間では、66・7パーミルという急勾配を走るため、専用の補助機関車が全ての列車に連結された。機関車はＥＦ63形といい、常に2両ひと組で運用。通称「ロクサン」と呼ばれるこの機関車の発するサウンドはかなり特徴的で、企画は碓氷峠のロクサンでいけると確信した。

ロクサンは特に勾配を下る時が特徴的。モーターを発電機代わりにして勾配を下る「発電ブレーキ」という抑速ブレーキが用いられている。坂を下る時に発生する運動エネルギーを、機関車のモーターを発電機代わりに利用して発電。生じた電気を抵抗器で熱エネルギーに変換して消費する仕組みだ。抵抗器で発生した熱を強制的に機関車の外へ放出させるため、送風機（ブロアー）が装備されており、このブロアーの稼働する音が逞しく特徴的だった。

『鉄道ダイヤ情報』の特集では、斉木さんと組んで、そんなロクサンの発するサウンドを録音するリポートや、録音の仕方などを記事にした。

意外にもこの特集は読者からの反応が大きく、編集部や関係者を驚かせた。

気をよくした僕たちは「独立させてムックにならないだろうか。どうせなら写真集と、サウン

ロクサン（ＥＦ63形）のサウンドを録音する斉木実さん

ドを収録したＣＤもセットにして販売しよう」「そういえば昔は、ソノシートというビニール製レコードと、冊子が流行った時代があったが、その復刻だ」などと、調子に乗って２人していろいろと勝手なことを提案した。

そんな戯言を受け入れてくれたのが、当時『鉄道ダイヤ情報』誌の別冊や鉄道ムックの部署を総括するＥさん。Ｅさんに「会議にかけるから企画書を提出しなさい」と命令された。

企画は会議を通過。しかし、発売まで残る時間は1年を切っていた。

写真集としてまとめるには、四季の風景が入るのが無難である。果たしてそれらを取材できるか？　また、1年という短い時間に質の高い作品をまとめることが可能か？　少しの不安があった。

というのも、アマチュアとプロの境目があまりない鉄道写真において、碓氷峠の写真は、その道を究めたハイアマチュアの人たちの作品が、次々と誌面に発表されていた。なかでも遠くの山の上から俯瞰撮影された作品が目を引いた。「どこから撮ったんだろう?」と撮影者の苦労が偲ばれるような、驚くべき写真も多かった。

碓氷峠を扱ったグラフページの誌面は、俯瞰写真による空中戦の様相を呈していた。空撮による写真まで発表され「これはもうかなわないな」と感じることもあった。

しかし、線路から離れれば離れるほど、列車の存在は希薄になる。我々の目指す写真は少し違うのではないかと思った。

ロクサンのサウンドにも負けない、もっと機関車の息づかいが聞こえるような迫力のある写真をメインに構成しよう。斉木さんとの話し合いで方針が決まった。

５００ミリという超望遠レンズをセットし、列車が坂道を駆け上るシーンを僕が狙えば、斉木さんはさらに長い焦点距離の８００ミリレンズで、機関車が排出する炎熱を見事に切り取った作品を生み出した。超望遠レンズの多用は一部からは批判されたが、表現あっての手段なのだから許してほしいと思った。

冬場から初夏にかけては、ほぼ毎週のように横川へ通った。

入稿の締め切りが迫ると、時には横川駅前の旅館にフィルム確認用のライトボックスを持ち込んで、写真（ポジフィルムだった）のセレクト作業、ワープロでテキストを書く作業も行なった。横川駅前にある「東京屋旅館」は「今晩お願いします」と電話をすると、2階角の横川運転区がよく見える部屋を空けて待っていてくれる、気持ちの良い宿だった。

駅前にある食堂の「松一」は、昼はラーメンが美味しく、夜は飲みに行くのが楽しい。時々、横川運転区勤務の社員が食事のために来店し、隣のテーブルで話をしてくれた。昔から運転区の人々が食事に訪れる店だったのだと聞いた。

名物の力餅を製造販売する「玉屋ドライブイン」に立ち寄ると、明るく元気なオカミさんの話が楽しかった。かつて熊ノ平駅で立ち売りしたという、手作りの力餅の味も格別だ。横川へ何度も通ううちに、人々との交流も生まれた。

碓氷峠の鉄道が廃止になるとの報道も増し、沿線には撮影者も次第に多くなった。昼は写真撮影、夜は皆が去って静かになったあとに録音を行なった。

パッケージするCDの音源についても、さまざまな希望や課題が新たに生まれた。特に乗車音について「列車内から機関車の走る音を収録したい」と考えた。

しかし、これを行なえる列車は、当時少なくなった客車列車で、それも最後部が機関車に接近

碓氷峠の急勾配に挑む「ロクサン」

する、ジョイフルトレインの展望スペースが最適（188ページ写真参照）。ちょうど取材が始まった冬の期間「スーパーエクスプレスレインボー」という展望車付きのジョイフルトレインがパッケージツアーの団体列車で運用されると知った。そのツアーに参加申し込みをしたうえで、取材申請を出し、関係機関にも挨拶に回った。

客車列車では、機関車同士で通信される無線の交信も収録した。これは無断で公にすれば法に抵触する恐れがあるので、これも同時に許可のお願いをした。現場の方々には本当に親切にしていただいた。消えゆく碓氷峠の線路へ持つ思いも、話の端々から伝わってきた。

結果として、撮影、録音、編集、執筆……これらを全て僕たち2人で行なっていた。デザインとイラストだけは、さすがにその道のプロに依頼した。

「写音集」という、ゴロの良いタイトルもひらめいた。編集作業も順調に進み、「写音集」がだんだんとカタチになってきた。

もし自分が編集者だったら、全体的なバランスの関係から「これはボツにするだろう」と思う難解な写真も大きく扱った。結果として、それが良かったのかどうかは不明だが、好きなように構成できて楽しかった。

ところが、編集作業も大詰めを迎えた頃、最後の見開きページを巡って斉木さんとひと悶着あった。

最後の見開きは、試運転する新幹線電車と、軽井沢駅を出発する在来線特急「あさま」を牽引するロクサンが同じフレームに収まった写真に決めていた。

このシーンは軽井沢駅を見下ろす丘の上から２人で並んで撮影したもので、それぞれ撮影した写真のうち、どちらを使用するかで議論になった。

斉木さんの写真は露出が切り詰めてあり、夕闇に沈んでゆく峠の雰囲気が現れている。それが碓氷峠に将来訪れるだろう、暗い未来を表しているのだという。

「写音集」の最後を自分の写真で飾りたい。その気持ちが自分に全くなかったといえば嘘になる。けれど、碓氷峠の未来について、僕らが〝暗い〟と一方的に決めつけていいのか疑問に思った。これまでお世話になった横川の人々や横川運転区の人々の顔が浮かんできた。

もちろん、斉木さんの考えや気持ちはよく分かった。廃止後は横川の町も寂れてしまうかも知れない。しかし、そのようなメッセージを込めてしまうのは、なんだか申し訳ないような気がした。

２枚の写真を前にして、今まで組んできたコンビが気まずくなるほど、重い空気になった。最終的に斉木さんが折れるかたちで決着。最後の写真をどう見るかは、読者に判断を委ねることで、比較的明瞭に写されている僕の写真を使うことになった。ハードランディングしたとはいえ、気分がすぐれなかったのは斉木さんも一緒だったのではないだろうか。

本が発売になってしばらくして、この時のことを斉木さんに詫びた。

斉木さんは「いいんだよ」と、笑って許してくれた。


碓氷峠を走る鉄道も終焉が迫った平成9年（1997）7月に、弘済出版社（現・交通新聞社）から発売された『写音集・碓氷峠ロクサン惜別の旋律』は好評だった。本人たちが楽しみながら作った本が、手にしてくれた読者に喜んでもらえることは、とても嬉しいことだった。

そして9月30日、信越本線横川～軽井沢間はこの日を最後に104年の歴史を閉じる。最終日は沿線の模様を記録撮影しながら、我々で感謝のメッセージを送ることにした。斉木さんと2人で、B0サイズのケント紙に「運転士さんありがとう」と、ポスターカラーで大書したメッセージボードを作った。

「ありがとうロクサン」とみんなはそう言うけれど、ありがとうと伝える相手は、ロクサンよりも、何より安全に列車を運転してきた運転士たちではないかと思った。

列車が通過する時に、メッセージを線路端で広げ、運転士さんに伝えようという算段だ。

写音集・碓氷峠ロクサン惜別の旋律

当日、手を振りながらメッセージボードを広げると、我々に気が付いた運転士さんが、〝ピィーッ〟と短く汽笛を鳴らして応えてくれた。

夜になり、碓氷峠越えの鉄道の歴史も、あと数時間を残すのみ。

そんななか、最終列車の「あさま」が、横川から軽井沢へ向けて出発してゆく。別れを惜しむ大勢のギャラリーに囲まれ、最終「あさま」が横川のホームを離れる時、先頭の「あさま」の運転士と、列車の最後尾から後押しするロクサンの運転士がそれぞれに汽笛を鳴らし続けた。

「ピーーーーー！」「フォーーーーー！」

走り去る列車のテールライトが遠ざかっても、なおも2声の汽笛はやむことなく鳴り続けた。万感の思いが込められた汽笛だった。

廃止から数日後の週末、横川運転区ではお別れのセレモニーが非公式に行なわれることとなり、ある運転士の方から「来てもいいよ」と招いていただいた。

当日運転区へ行くと、取材の時にお世話になった、運転士のIさんにお目にかかることができた。話を伺うと「高崎運転所へ異動になったよ」と、右手で機関車のノッチを刻む手つきをしながら話してくれた。

別れ際、Iさんから「これあげるよ」と小さな箱を手渡された。それは記念品のボールペンだった。箱には、新幹線「あさま」開業記念の文字が見えた。

異動が決まったとはいえ、新幹線開業の華やかさの陰で職場が失われたIさんの気持ちを思うと、急に胸が熱くなった。頂いたボールペンは、まだ一度も使用していない。

鉄道遺産と木造駅舎

列車に揺られて旅を続けている最中、ある風景が車窓をよぎった。

それは蒸気機関車が運転されていた時代に使用された「給水塔」がある風景。

蒸気機関車は石炭と水が燃料。石炭よりも水を多く消費したために、小まめに給水する必要があった。

このため、機関車に水を補給する給水塔は、主要ターミナル駅のみならず、拠点となる中小の駅にも設置されていた。

レンガ積みやコンクリート製の給水塔は、蒸気機関車がすでに現役を引退しているため、給水塔としての役割を終えている場合が多い。

しかし、現役を引退したとはいえ、歴史を伝える姿は存在感がたっぷりで、これを大判カメラでキチンと撮影したいと思った。僕の中にある、国鉄一家の末裔としての血が沸々と湧き上がった瞬間だったのかも知れない。

さらに、まだ僕が真島さんのお世話になっていた頃、東北本線の歴史的構造物を撮影することを企画し、一緒に撮影に行ったことがあったが、その時に得たイメージが、胸の奥に仕舞われたままになっていた。

もうひとつ、木造駅舎の存在も気になっていた。

明治後期から昭和初期頃に建築された木造駅舎。この時代、鉄道が日本各地に建設されるに従い、スタンダードな設計図をもとに建てられていった。

ところが、時代の流れのなかで、多くの駅舎はコンクリート造りの簡素な駅舎に建て替えられた。これらの駅舎も、給水塔同様に大判カメラでフィルムに収めておきたいと考えるようになっていた。

なぜ、そこまで「大判カメラ」というツールにこだわったのだろうか。

きっとそれは、写真を学んだ短期大学時代、授業で教わった写真家たちの作品を見た影響が大きかったからではないだろうかと思う。

フランスの写真家、ウジェーヌ・アジェは、大判カメラの元祖ともいえる組み立て式の暗箱を携え、パリの街を撮影した。絵画の下絵として画家に販売するのが目的だったというが、静謐に満ちた早朝のパリを背景に街角の何気ない造形物や、屋台などを撮影している。その斬新なアングルは絵画の下絵という目的を超えて、写真としての美しさを放っている。

また、ドイツのベッヒャー夫妻は、それこそ給水塔を撮影して回った。やはり大判のカメラで正面から対して撮影しており、給水塔の存在感が迫力と緻密さをもって迫ってくる。写真集に掲載された給水塔の写真は、給水塔の造形をも余すところなく記録している。

人間の目はふだんは何気なく、ぼんやりとしか見ていないものだと感じさせてくれる作品集だ。

これら写真家の影響は多大にあり、平成12年（２０００）にはついに念願の4×5（インチ判）サイズの大判カメラを購入した。すぐに駅舎や給水塔などの古い鉄道施設の写真を撮影して回った。

そんな折、平成14年（２００２）頃、交通新聞社の老舗旅行雑誌『旅の手帖』の編集者Tさんから連載企画の相談を受け、いくつかの案を伝えたところ、これら歴史的な構造物を記事にする企画が浮かび上がってきた。

連載は、再び斉木さんとのコンビにより、交代で受け持つリレー方式で行なうことで、『旅の手帖』での連載が決定した。

写真は我々撮る側の希望により、メインカットにモノクロを使用することとなった。斉木さんは6×6センチ判というサイズのスクエアな画面、僕は4×5サイズで撮影し、現像、プリントも自分たちで行なうことにした。

昔ながらの鉄道を扱うのだから、我々も昔ながらの写真手法をとることが、歴史を積み重ねた鉄道への敬意を表すことになるだろうと思った。

連載の内容は、ただ遺構を並べるのではなく、現在進行形で活躍中の施設やサービスなどに限定した。関係者に取材し、ナマの話を伺って掲載することで貴重な記録ができると思われた。

やがて、Tさんが「鉄道遺産」という語句を提案し、「ニッポン鉄道遺産を旅する」のタイトルが決定した。連載は平成14年（2002）11月号から平成17年（2005）10月号まで行なわれた。連載後は、同タイトルの単行本化のうえ、交通新聞社新書の第4作『ニッポン鉄道遺産』として刊行されるに至った。

もうひとつのテーマである、木造駅舎を撮る作業も独自に続けた。

写真展『木造駅舎』
山形鉄道・西大塚駅にて
米屋浩二撮影
西大塚駅
四月二十九日から五月五日まで
午前九時～午後七時　入場無料
平成22年（2010）5月、山形鉄道の西大塚駅で写真展『木造駅舎』を開催

木造駅舎は建物の老朽化を理由に、急速に姿を消しつつあった。一度確認した駅舎を目当てに、数年後にカメラを持って訪問すると、素っ気ないコンクリート駅舎に建て替わっていたこともある。

また、姿かたちは辛うじて残されていても、駅無人化ののちに長年放置され、荒れ放題になっている駅も多くあり、心が痛んだ。

そんななか出会った、山形鉄道フラワー長井線の西大塚駅は、大正3年（1914）に旧国鉄長井線、赤湯～長井間の開業時（赤湯寄りの梨郷《りんごう》までは前年に開業）に竣工した木造駅舎だ。

周囲の人々が定期的に手入れしてくれるおかげで、無人駅になったあとも荒れることがなく残されていた。夜勤の駅員が泊まった宿直室や駅事務室が当時のまま残り、歳月を刻んだ空気が駅舎全体に染みこ

平成22年（2010）11月、長野電鉄屋代線信濃川田駅舎でも写真展を開催した

んでいる。

「木造駅舎の中で木造駅舎の写真展を開催したい」と、この駅舎の事務室スペースを見て思った。

僕の写真展にどれほどの集客力があるかは不明だが、人々に駅に足を運んでもらうことで、もっと多くの人たちが駅舎に関心を持ってくれるのではないか。この駅舎の貴重さを知ってもらえば、駅舎も長生きできるのではと思った。

もちろん、こればかりが理由でなく、純粋に木造駅舎を写真展の会場にしてみたかったこともある。また、一日中駅にいたらどんな気持ちになるのか知りたかったのだ。そこは、奥羽本線神町駅長を務めた祖父の孫である。

山形鉄道の寛大な理解と協力のおかげで写真展は平成22年（２０１０）のゴールデンウィーク期間中

開催し、遠く愛知県から駆けつけてくださった人も含め、約200人に来場いただいた。

それから自分の個展のほか、平成23年（2011）には東日本大震災のチャリティー写真展、有志によるグループ展、個展なども不定期で開催している。

西大塚駅舎は平成26年（2014）11月15日に無事100歳を迎えた。現在、同じ山形鉄道の木造駅舎である羽前成田とともに、国の登録有形文化財に登録申請中だ。

恩師との別れ

その連絡を受けたのはインド東部の大都市コルカタ市内。平成21年（2009）3月14日の昼のことだった。

持参した海外仕様の携帯電話は3Gタイプだったが、インドはGSM方式で、3月5日にインド到着後から、携帯が全く使えない状態だった。

ここまでのインドでの旅程は、南インドのバンガロールを振り出しに、ニルギリ登山鉄道を訪問の後、チェンナイ経由でコルカタに入っていた。

コルカタ市内を巡って、満員の市内近郊電車（環状線）や、クルマ、〝リキシャ〟と呼ばれる人力車、野良牛などをかき分けて走る路面電車などを撮影していたところ、ダムダムという駅のホームで突然携帯電話が鳴った。

携帯は繋がらないと思っていたので、はじめは周囲にいるインド人の携帯が鳴ったのかと思った。

電話に出れば、真島満秀写真事務所のカメラマン・長根君からだった。

「先生が危篤で……」と、電話の向こうから、ただならない声が響いた。

それは、全く想像すらしていない、突然過ぎる知らせだった。

それ以後、何を話したのかあまり覚えていないが、余りにも突拍子もない話だったので、信じようとしなかったのかも知れない。

「何かあったら連絡します」という彼の言葉を最後に、雑踏の騒がしさにかき消されるように電話を切った。

その後、再び路面電車などを撮影し、サダルストリートの宿に戻れば、携帯は再び「圏外」になっていた。昼間受けた長根君からの電話が、夢か幻のような気がしてきた。

翌日は、コルカタからダージリン・ヒマラヤ鉄道の起点駅であるニュー・ジャルパイグリへ向かう予定だった。

コルカタからニュー・ジャルパイグリへは「ダージリン・メイル号」という優等列車もあっ

たが、夜行列車なので景色が楽しめそうにない。そこでコルカタのメインターミナルのひとつ、シアルダー駅を早朝に出発し、ニュー・ジャル・パイグリに夕方に到着する普通列車に乗ることにした。

平成21年（2009）3月15日朝5時半頃。コルカタで合流した編集者のIさんと、夜が明けたばかりのシアルダー駅に到着した。

「朝食にチャイでも飲もう」ということになり、構内の喫茶店に入ったところで、カメラバッグの中の携帯電話が再び鳴った。見れば不在着信を知らせるメールの受信だった。

そもそも、通信方式の違う電話回線の、どのようなキャリアが使われているのか全く不明だ。さらに、表示されたメールの時間が6時間（インドとの時差は3・5時間）もずれていた。

ただごとではない感じがしたので、長根君に、こちらから電話をした。

電話口で彼の重々しい声が響いた。

「だめでした……」

「え！」

電話に向かって答えた声が、コンコースの隅っこで反響した。

「嘘だろう……」

もちろん嘘などでないことは分かっているが、嘘だと思わずにいられない。真島さんの長年の相棒、猪井さんに電話を代わってもらった。

猪井さんは、電話口でしばらく無言だった。

「あいつ、いっちまったよ……」

やっと話した猪井さんの声は、これまで聞いたことがないような、沈んだ寂しい声だった。

僕は何と返事をしていいのか分からず、数秒ほど無言の時間が流れたが、すぐに、何もできない悔しさが込み上げてきた。

「帰国はもう少し先で、申し訳ないです」と、気持ちを伝えると、

「お前は心配しないで、そっちでイイ写真撮ってこい」と猪井さんが言ってくれた。

「分かりました、すみません」それで電話を切った。

それから旅の間中、真島さんのことが頭から離れなかった。

市街地の雑踏の中で、インド人に紛れて真島さんがこっちを見ているような気がしたこともあった。

それにしても、再び携帯電話はずっと圏外で、インド滞在中はいっさい受信することがなかったのに、あの日の昼と次の朝、コルカタだけで電波をキャッチできたのが、いまだに不思議でな

らない。

インドの旅を終え、コルカタからトランジット地のタイ・バンコクへ着いたのは旅に出て16日目の早朝のこと。乗り継ぎの飛行機が発つ深夜まで時間があったので、一度空港を出てバンコクの市街へ行くことにした。

初めての渡航先は、ここタイのバンコクだった。平成6年（1994）のことだ。当時、国際線のターミナルだったドンムアン空港から列車に乗ると、ファランポーンと呼ばれるバンコク駅に到着した。

駅近くの中華街にあるホテルへ行く道の途中、大きな寺院があった。その寺の境内を通り抜ければ、宿へのショートカットとなるため、バンコク滞在中は、いつも寺の中を通り抜けた。

その寺院の名前が、黄金の仏像で有名な「ワット・トライミット」だということを、少しあとになって知った。

ワット・トライミットの境内には大きなガジュマルの木があり、木の根元に仏像が祀られていた。夕方、宿へ向かう途中に、人々が膝を折って熱心にお参りしている光景を何度も目にした。

僕も宿へ急ぐ足を止め、信心深いタイ人と一緒になって手を合わせ、頭を下げた。

「真島満秀写真展」の開催を前に急逝された真島さん。
その遺志を継ぎ準備を手伝った

　また別のある日、寺の隅にある小さな建物から煙が上がっているのが見えた。それは火葬場だった。夕暮れの空に細く真っ直ぐに昇る紫煙を見て、「人は死んだらどこへ行くのだろう」と、そんなことを漠然と思っていた。

　それから何度もバンコクには来ているが、立ち寄ったのがじつに4年ぶりだった。発展著しいバンコクでは、記憶にある風景がところどころで様変わりしていた。バンコク駅前から、ワット・トライミットに辿り着くと、寺の境内が大幅に改修されているのが目に入った。

　ガジュマルの大木は切り倒されたのか、見当たらない。

　以前見た火葬場も、跡形もなくなっていた。

　ふと、いつか見た、火葬場から細い紫煙が真っ直ぐ空に昇る光景を思い出していた。

「人は死んだらどこへ行くのだろう……」再びそう思った時、真島さんの顔が心に浮かび、涙が溢れて止まらなくなった。苛烈な太陽が照りつけるバンコクの片隅で、僕は泣いた。

帰国後すぐに軽井沢へ向かい、真島さんの家を訪ねた。奥様のゆかりさんの話では、真島さんは病気であることを周囲に隠していたという。

亡くなる2カ月ほど前、真島さんから贈り物が届いていた。

いつか酒の席で「今度おまえにやる!」と言っていたヴィンテージ焼酎だった。

真島さん

添えられたメッセージには、

「貴兄ご家族にとりまして何より健やかで良い年でありますよう祈念するばかりです」

と、したためられていた。この時の真島さんの健康状態を、僕は知る由もなく、呑気に電話でお礼を伝えただけだ。そんな自分の行動を後悔した。

改めて手紙を読んで、自身の健康状態を打ち明けるどころか、僕や僕の家族を気遣う心が胸に響いた。

2カ月経って、5月28日に東京・新宿で「真島満秀を偲ぶ会」が執り行なわれた。真島さんとも懇意にされていた作詞家の山川啓介さんは、挨拶で、「人には2つの死があるといいます。ひとつは物理的な死、もうひとつは、誰もその人を語らなくなった時。その時本当の死を意味するのです」

真島さんの作品は、多くの人の記憶に生き続け、語り継がれていくだろう。

震災の記録

平成23年（2011）3月11日、14時46分。生涯忘れることのない大災害が発生した。東北地方太平洋沖地震と大津波による東日本大震災。

発災時は埼玉県南部にある自宅で仕事をしていた。激しい揺れは尋常ではなく、9階にある自宅では食器棚から皿が、仕事部屋では本棚から本がバラバラと落下した。

テレビをつけると太平洋沿岸には津波警報が発令。やがて大津波警報へと変わり、ほどなくして津波が沿岸の街を襲う映像が中継された。時間を追うごとに、多くの尊い人命が失われたことが報じられた。

あれからもうすぐ4年。建物やインフラ、生活環境、自然など、さまざまなものが失われてしまったと改めて思う。命を終えなければならなかった人たちの冥福を祈るとともに、災害に見舞われた方々が元の暮らしに戻ることができるように願ってやまない。

発災から3カ月ほど前の平成22年（2010）12月のある日、編集プロダクションM企画のOさんから取材の依頼が入った。仕事内容は朝日新聞出版の全鉄道路線を隔週で紹介するパートワーク。JR、大手私鉄に続き公営鉄道・私鉄編の取材が始まっていた。『24号』の路線は「三陸鉄道」で8月に発刊予定。その撮影と執筆の依頼だった。

「年が明けて暖かくなった頃に取材に行ければいいですね」と、その時の打ち合わせは確認事項程度で済んだ。

三陸鉄道に取材に向かう予定だった時期を目前にして、沿岸部を走る三陸鉄道は地震と津波で被災してしまった。

ところが、発災から数日経って「三陸鉄道は動いている」という情報が報じられた。被災し、クルマも流された沿線住民の足になればと、三陸鉄道の社員が懸命に線路を復活させ、一部区間で列車を運行しているというのだ。

「列車が走っているのだから、取材しなければ」。再びOさんと話し合った。

しかし、被災地ではガソリン不足が深刻化しており、捜索活動、瓦礫の撤去作業などの妨げにならないようにと考慮した。

その結果、燃料事情も一段落した4月下旬に取材を行なうことにした。

平成23年（２０１１）4月19日、東北自動車道を北上し、北リアス線の起点駅である宮古を目指した。

栃木県から福島県に入ると、高速道の路面が大きく波打つようになり、クルマがバウンドする衝撃を受けながらの運転となった。

沿道からは、山の斜面に建つ家屋が傾いているのが目に入る。救援の自衛隊車両や警察車両が列をなして往来していた。路面のうねりは宮城、岩手に入ってもなお激しく、速度を緩めないとクルマがジャンプしそうだ。

盛岡南インター手前の紫波《しわ》サービスエリアでガソリンを満タンに給油、沿岸で給油することのないように備えた。

夜が明け切る頃、ようやく宮古に到着。国道１０６号が山田線の線路を越える陸橋を過ぎた辺りから街の様子が一変した。

テレビ映像を見るのとは違う。生々しい災害の様子が運転するクルマのフロントガラスに映った。市街地は停電が続いていて、信号灯も消えたまま。国道45号と合流する大きな交差点には慎重に進入した。

国道45号をそのまま進み、三陸鉄道の田老《たろう》駅へ。クルマが田老駅の見える場所に到着した時、胸を締め付けられるような光景が目に入った。

駅の周囲は津波にのみ込まれ、押し流された家の部材やクルマ、なぎ倒された樹木の枝が一面に散乱するなか、列車を待つ高校生たちが築堤上のホームに整列し、朝の陽光を受けて立っていたのだ。

そこにヘッドライトを輝かせ、三陸鉄道のディーゼルカーがゆっくりと入線してきた。人々の、そして鉄道の逞しさが、多くが失われた風景の中で息づいていた。とっさのことにカメラを用意するヒマもなく、ただ呆然とその光景を見つめた。

昼前、待ち合わせ時間に三陸鉄道本社へ挨拶に行くと、旅客サービス部長の冨手淳《あつし》さんが迎えてくれた。話を伺い、初めて社員が全員無事だったと知った。

地震発生直後は、宮古に1両だけディーゼルカーが残っていた。列車のエンジンは、いわば自家発電機だった。本社社屋は停電が続くなかで、列車内は灯りも暖房もある。エンジンの入った車両内に対策本部を置いて情報を収集し今後について話し合ったという。

「こんな時だからこそ」と、社員一丸で復旧に取り組み、発災から5日後の3月16日には久慈〜

大津波で被災した三陸鉄道北リアス線の島越駅付近

陸中野田間で、20日には宮古〜田老間、29日には小本《おもと》まで運転を再開し「復興支援列車」を運行開始していた。

「島越《しまのこし》には行きましたか？　あの状況を撮ってやってください」と冨手さん。

その言葉を聞くまで、被災地の撮影にどこか遠慮があった。しかし、しっかり見て取材しなければという考えに変わった。

帰宅後、『大震災で壊れた建造物』という写真集を見た。

平成7年（1995）1月17日に発生した阪神・淡路大震災では、直下型の強い揺れに多くの建物が被災した。その写真集は、地震で崩れた建物の写真が並んでいた。

それを見て、阪神・淡路大震災がこれほどまでに大

被災を免れた三陸鉄道の車両は陸送で車庫に集められた

三陸鉄道の復活は東日本大震災からの復興のシンボルにもなった

きな災害だったのかと驚いた。被害の詳細なディテールを、16年以上経ったこの時に初めて知ったのだ。

その写真集の多くを撮影したのは川井聡さん。高校1年の頃、旧型客車を写した写真に感銘を受けた川井さんの写真に再び教えられた。

現実を直視し、写真に残すことも我々の役割ではないかと思った。

それから思い直し、5月末から6月にかけて、青森県の久慈から宮城県の女川《おながわ》、福島県の新地まで、被災した鉄道の状況を記録するために現地を訪問した。それは「しっかりと写真に記録する作業」と信念を持って巡った。

被災した鉄道の写真は、記録のみと思っていた。

それが震災から1年後、大学の先輩で編集者のUさんの手により『甦れ！　東北の鉄道』（トランスワールドジャパン刊）という一冊のムックとして残すことができた。この本は、僕の写真に影響を与えてくれた川井聡さんと一緒に仕事ができたことも忘れられない。

西の果て

これまで、日本、そしてアジアの国々を巡ってきた。発展途上にあるアジアの国々を旅して感じるのは、物質への圧倒的な渇望感だった。日本も然りではなかっただろうか。

しかし、東日本大震災が転機となり、日本は物質的なものとは違う豊かさを目指すことになるのだろうか。もし目指すとすれば、どのような未来像がこの先にあるのか。

あるいは、新たな方向を目指さず、これまでと何も変わらないとして、経済発展ののちにどのような姿が未来にあるのだろうか。

経済成長を終えて久しく、先進国と呼ばれるヨーロッパで、人々がどのような暮らしをしているのか。震災後、そんなことを知りたくなった。

ヨーロッパの旅先はどこでもよかったが、どうせ西に行くのならと、ユーラシア大陸の最西端にあるポルトガルを旅先に選んだ。

大航海時代、スペインとともに海洋覇権を競い、隆盛を極めたポルトガルだが、近年、国の経済は厳しい状態にあると聞く。

これまでコツコツと溜めたフライトマイルを一気に使って、ドイツ経由でリスボン行きのフライトを予約した。

平成23年（2011）8月30日、ドイツ・ミュンヘン経由でいよいよリスボンに到着。東京から約17時間かかり、リスボンの空港ターミナルを出た時には、時計はすでに22時半を過ぎていた。

宿まではタクシーに頼らざるを得ない状況だ。

仕方なく空港で待機するタクシーに乗った。行き先を告げて日本から来たと話すと「お前の国で、大きな地震があっただろう」と運転手が言い、両手を広げ「気の毒だね」という表情をした。

リスボンは1755年11月1日に、大地震と大津波に被災し市街地が壊滅する被害を受けたと、これはあとになって知った。250年以上も前の出来事とはいえ、旅先がポルトガルになったのは何かに導かれた結果だったのだろうか。

リスボンで2～3日滞在したのち、列車でファロという街まで南下した。

ポルトガルの列車は特急に相当する、高速列車の「アルファ・ペンドゥラール」、客車特急の「インターシティー」、ローカル列車の「レジオナル」などが運行されている。

リスボンから南部のファロまで客車特急のインターシティーで行き、ファロからは各駅停車のレジオナルを乗り継いで、滞在5日目には南東部のベージャという街に辿り着いた。

ベージャの街は丘の上にあり、駅からは長い坂道を歩いて市街地に至る。街の中に古城が聳える街並みの佇まいは、落ち着きがあり良い雰囲気だった。

宿は予約もせず、飛び込みで入った。荷を解いてから夕食を食べようと街に出た。

ひとり旅では夕食に困ることが多いが、入りやすそうな一軒の定食屋を見つけた。注意深く探さなければ通り過ぎてしまいそうな、本当に小さな店だった。

店に入ると、前掛けをした50代ぐらいの小柄な主人に迎えられた。

その主人はきびきびとした動きで注文をとったり、料理を運んだり、そのスマートな動きは見ていて気分が良いほどだった。

また、どんな客にも愛想良く応対し、何か熱心にアドバイスしながら、メニューを差し出している。僕はそんな主人の姿を見て心が動揺していた。

40歳台も半ばになろうとしている自分の姿を照らし合わせると、恥じたい気分になったのだ。もはや何かに感動したり、情熱を燃やしたりすることなんてないのではと、これまで思っていなかっただろうか。世の中が全て分かったようなつもりに、なっていなかっただろうかと……。

この頃から、著作物での名前表記を、漢字の「浩二」から、平仮名の「こうじ」にしたのは、そんな情けない自分を、少しでも変えたかったからだった。

食堂の主人の仕事に対する姿勢は、そんな諦めに似た寂しい心を持った僕に「姿勢を正すように」と教えてくれたようだった。そして、この店の料理は本当に美味しかった。宿に帰る途中、これまで積もってきた憂鬱な気分が少し晴れた気がした。

数日後に再び戻ってきたリスボンでは、下町のような場所を発見した。やや廃れた一角にインド人や中国人が商店を出している場所もあった。

ポルトガル滞在最後の夜、その路地裏にある一軒のバルでビールを飲んだ。リスボンではインペリアルと呼ばれる、グラス入りの生ビールが安くて美味しい。インペリアルを注文し、飲みながらカウンターに佇んでいると、その店にはさまざまな人々がやって来て人間観察に事欠かない。

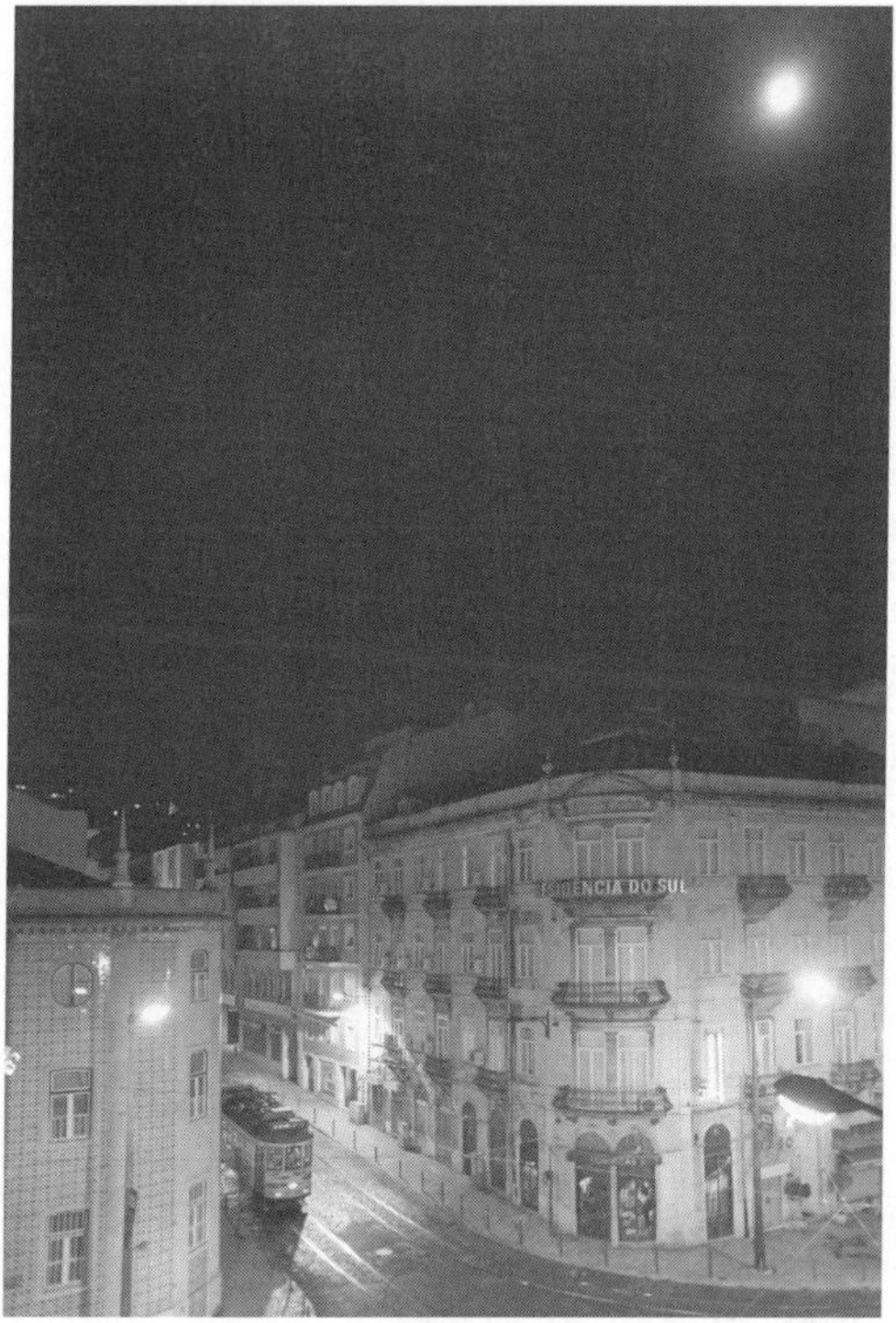

ポルトガルの夜景

スペインから来たという、身なりも表情もすっかり疲れ果てたような老人が、定食メニューを注文し、ゆっくり、ゆっくりと時間をかけて食べている。

そこへ杖をついた、盲目の老紳士がやって来てビールを一杯。やがて店を出て行く時には、周囲の見知らぬ人が手を取り、店を出て行った。

2杯目のインペリアルを手に、佇む東洋人の僕も、決して良い身なりとは言いがたく、このバルの風景に溶け込んでいることだろう。

うらぶれた雰囲気ではあるが、妙に居心地が良い。それは懐の深い包容力のある優しい空間だった。

日本にいると、スピード感をもって結果が求められるが、答えを直ちに出す必要はないのではと、この国を旅して思った。

ユーラシア大陸の西の果てでは、心に余裕をもって生活する術が、長い年月をかけて熟成されてきたのだろうか。物質的豊かさの代わりに来るもの、それは経済活動中心ではなく、ゆとりを持って生活できる環境ではないかと漠然と思った。

レイルライフ

列車の屋根の上に大勢の人々が乗っていた。列車の屋根に人が乗る光景は、平成12年（200

窓から手を振る笑顔の乗客

０）４月に訪問したカンボジアの列車に乗って経験したが、その人数がカンボジアの比ではない。

「屋根の端にいる人が落ちるのではないだろうか」と心配するほどの山盛り状態だ。「１００人乗っても大丈夫」という簡易物置のテレビＣＭがあるが、１００人どころの騒ぎでない。

その画像は平成22年（２０１０）頃にインターネットを通じて見つけ、世界には何とも凄い鉄道があるものだと思った。写真はクリックすると拡大し、画面に映し出されたその画像を見て、さらなる驚きと、同時に疑問が湧いてきた。

屋根上に乗った人々が、皆笑っていたのだ。

ニコニコと手を振っている人もいる。

端から見れば決死の状態で列車に乗っている

屋根の上に乗る笑顔の乗客たち

ように思えるが、この笑顔は何なのだろう?

その光景を撮って、新たに出版する写真集に掲載したいと思った。

平成25年(2013)の春、僕は単著で初の写真集『I LOVE TRAIN ―アジア・レイル・ライフ』(ころから刊)を出版することになっていた。

それまで撮影してきたアジア各地の写真を、編集者の木瀬貴吉さんに見てもらったところ、たいへんに気に入ってくれた。

木瀬さんは勤めていた出版社を辞めて、自身の手で出版社を起業する予定という。その記念すべき開業第1冊目の本として、僕の写真集を出したいと言ってくれたのだ。

それまでも、いくつかの出版社へ企画を持ち込んだが、「海外の鉄道」というだけで拒絶された。木瀬さんは、そのような商業的な見方ではなく、写真作品として評価してくれたのだからこんなに嬉しいことはない。僕はこれまで撮り溜めてきたアジア鉄道の写真を木瀬さんに託すことにした。

初めてタイを訪問してから20年。タイを皮切りにインド、ミャンマー、マレーシア、インドネシア、カンボジア、ベトナム、中国、韓国、台湾のおよそ10の国と地域の鉄道を旅し、独自に撮影を続けてきた。写真集はその20年の集大成になりそうだが、できれば最新の写真も掲載したいと思った。未訪問のバングラデシュで撮影し、掲載しようと思ったのだ。

平成25年（2013）1月17日の朝、僕はバングラデシュ・ダッカの郊外にあるビーマン・バンダール駅にいた。この駅はダッカのシャージャラル国際空港が近くにある。

駅構内には相対したホームを渡る跨線橋があった。その跨線橋に上ると、やがて線路の向こうの朝靄の中から、何やら屋根の上がいびつに膨らんだ列車が近づいてきた。

イステマと呼ばれるイスラム教の大集会があるその日、以前ネットで見た画像のように、列車は屋根上まで人で一杯になっていた。屋根が有機的な造形を成したそのシルエットは、朝の陽光を浴びて黄金色に染まり神々しくさえ見えた。

列車はゆっくりと駅に入線し停車。跨線橋から列車と反対側のホームに下り、カメラを向けると、屋根の上の人々が笑いながら手を振ってくれた。
その日はイステマ第一節の最終日で、重要な祈りがあるのだという。現地の新聞には、会場におよそ400万人が集うと書かれていた。屋根上の人々が笑顔だった理由は、祭りへ参加する高揚感からだったようだ。

午後になり、その重要な祈り「アキリ・ムナジャット」を捧げる時間になった。人々は足を止め、西の方角を向いて揃えた手のひらを上に向けて頭を垂れた。僕も老人に促されて、隣にいた少年と一緒に線路脇のあぜ道に腰掛け、皆の真似をした。特に祈ることが思いつかなかったので、とりあえず世界平和やこの国の人々の幸福を祈った。

平成13年（2001）にアメリカで発生した9・11テロ以降、イスラムは暴力的なイメージに誤解されることもあるが、被害に遭い困窮しているのも平和を願うイスラム教の国々である。

祈りの時間が終わると、今度は会場のあるダッカ郊外のトンギという場所から、市の中心部へ戻る人々で、再び列車は屋根まで一杯になった。

世界平和を祈るよりも先に、目の前の列車と乗客に事故や怪我がないことをそれこそ祈るばかりだが、果たしてこれから5年、10年後に、この光景がこの場所にまだあるのだろうかと思った。

デジタルカメラが普及し、誰でも手軽に写真を撮ることができるようになった。撮った写真をボタンひとつで、魅力ある写真に変えるパソコンのソフトウェアもある。

心をくすぐるような、あるいはクスッと笑わせるような、心地のよい写真が昨今は人気で、そのような写真も写真文化として嫌いではない。

しかし、ありのままの世界を記録することは、写真の生まれ持った役割のひとつ。僕はこれまでと変わらず、世界を記録していきたいと思う。

あとがき

鉄道一家東海林家の長男、もと鉄道公安官の功さん（第3章）は、僕が幼い頃遊びに行った祖父母の家を継いで、今も福島市に住んでいる。

震災後、福島は原子力発電所の事故の影響でたいへんな被害に遭ってしまったが、人々は力強く復興しようとしている。

功さんは、ドジョウ掬いや歌などでイベントを盛り上げる「杉妻芸能協会」という同好会に、震災前から参加。副会長兼理事を引き受けていた。

「落ち込んでいる福島が元気になれば」と、震災直後から、ボランティアで避難所の慰問を行なうために県内各地を巡った。楢葉町からの避難者が、慰問に来てくれたことに対して、涙ぐみながらお礼を言ってくれたという。

また東海林家の次男で、電気工事関係の仕事をした力さん（第4章）も福島市在住だ。退職後は川柳に才覚を発揮。民報川柳友の会、第51回紙上句会に応募した、

「月越しに　見える地球は　まだ青い」の川柳が総合1位の成績に輝いた。

国鉄、私鉄を含め、これまで鉄道関連の仕事に就いた人々の、延べ人数はどれくらいになるのだろうか。

その数え切れないほどの人々が紡いできた物語があるとして、同じ鉄道の仕事に勤しんできた東海林家の祖父、母、叔父や伯母たちの話は、ほんのひと握りのケースに過ぎないと思う。

仕事は一生の中で多くの時間を捧げるもの。

だから、どのような仕事や立場でも、その人が臨んできた時間に、リスペクトの気持ちを持つことができる。今回話を伺った東海林家の人々にも、同じ気持ちを抱いた。

同時にこれまでの自分を振り返ってみて、祖父、母や叔父たちから受け継いだ土壌の上に育ったこと、周囲の人々から多くの影響を受けていることに改めて気がついた。本当にありがたく思う。

最後に、編集担当の交通新聞社の野坂さん、大杉さん、編集作業に時間を割いてくれた野上徹さん、そして、企画を提案してくださった遠藤法利さんに、厚くお礼申し上げます。

２０１４年11月　山形鉄道西大塚駅にて　米屋こうじ

★おもな参考文献★

『日本国有鉄道百年史』（各巻・日本国有鉄道）
『国鉄監修　交通公社の時刻表』（各号・日本交通公社）
『鉄道ファン』（各号・交友社）
『鉄道ジャーナル』（各号・鉄道ジャーナル社）
『レイル・マガジン』（各号・ネコ・パブリッシング）
『鉄道ピクトリアル』（各号・電気車研究会）
『鉄道ダイヤ情報』（各号・交通新聞社）
『JR時刻表』（各号・交通新聞社）
『われらの国鉄：新入職員の手引き』（日本国有鉄道）
『東根市史』（東根市史編さん室）
『新庄市史』（新庄市史編纂委員会）
『「東京日記」ぐるりの人たち』（2006年・安達洋次郎・JCIIフォトサロン）
『国鉄2万キロの旅―全241線の見どころ、乗りどころ―：宗谷本線から指宿枕崎線まで』（1982年・種村直樹監修・廣済堂出版）
『ばく進の記録：蒸気機関車』（1972年・市川潔・壇上完爾・日本放送出版協会）
『蒸気機関車メカニズム図鑑』（2011年・細川武志・グランプリ出版）

★Web site★

『「世界の平和を求めた」安達峰一郎』http://www.adachi-mineichiro.jp/
『三省堂ワードワイズ「ウェブタイプライターに魅せられた男たち・第74回」』
http://dictionary.sanseido-publ.co.jp/wp/2013/02/28/yamura14/

米屋こうじ（よねや こうじ）
1968年、山形県天童市生まれ。人々と鉄道の結びつきをテーマに、日本と世界の鉄道を撮影している。公益社団法人日本写真家協会（JPS）、一般社団法人 交通環境整備ネットワーク会員。著書に『木造駅舎の旅』（INFASパブリケーションズ）、『ニッポン鉄道遺産』（小社）、アジア11の国と地域の鉄道を撮影した写真集『I LOVE TRAIN－アジア・レイル・ライフ』（ころから）などがある。

交通新聞社新書075
鉄道一族三代記
国鉄マンを見て育った三代目はカメラマン
（定価はカバーに表示してあります）

2015年2月16日　第1刷発行

著　者――米屋こうじ
発行人――江頭　誠
発行所――株式会社　交通新聞社
http://www.kotsu.co.jp/
〒101-0062　東京都千代田区神田駿河台2-3-11
NBF御茶ノ水ビル
電話　東京（03）6702-0920（編集部）
東京（03）6831-6622（販売部）

印刷・製本―大日本印刷株式会社

ISBN978-4-330-53715-3